EXPLICANDO
Desgreciar la iglesia

DAVID PAWSON

ANCHOR RECORDINGS

Copyright ©2018 David Pawson

El derecho de David Pawson a ser identificado como el autor de esta obra ha sido afirmado por él de acuerdo con la
Ley de Copyright, Diseños y Patentes de 1988.

Traducido por Alejandro Field

Esta traducción internacional español se publica por primera vez en Gran Bretaña en 2018 por
Anchor Recordings Ltd
DPTT, Synegis House, 21 Crockhamwell Road,
Woodley, Reading RG5 3LE

Ninguna parte de esta publicación podrá ser reproducida o transmitida de ninguna forma o por ningún medio, electrónico o mecánico, incluyendo fotocopia, grabación o ningún sistema de almacenamiento o recuperación de información, sin el permiso previo por escrito del editor.

Si desea más de las enseñanzas de David Pawson, incluyendo DVD y CD, vaya a www.davidpawson.com

PARA DESCARGAS GRATUITAS
www.davidpawson.org

Si desea más información, envíe un e-mail a info@davidpawsonministry.com

ISBN 978-1-911173-54-0

Índice

Primera parte   7

Segunda parte   37

Este libro está basado en una charla. Al tener su origen en la palabra hablada, muchos lectores encontrarán que su estilo es algo diferente de mi estilo habitual de escritura. Es de esperar que esto no afecte la sustancia de la enseñanza bíblica que se encuentra aquí.

Como siempre, pido al lector que compare todo lo que digo o escribo con lo que está escrito en la Biblia y, si encuentra en cualquier punto un conflicto, que siempre confíe en la clara enseñanza de las escrituras.

David Pawson

PRIMERA PARTE

Solíamos vivir en un pueblito en North Hampshire de unas mil personas llamado Sherborne St. John. Había una enorme mansión en el pueblo. Como podría suponer, es un patrimonio nacional, una mansión de ladrillos estilo Tudor que era propiedad de la familia Soanes hasta que fue tomada por el Fondo Nacional Patrimonial. Es un hermoso edificio antiguo con grandes ventanas y ladrillos de tonos suaves, pero en alguna etapa de su historia la familia Soanes adosó al frente principal que da al lago, un pórtico griego, con columnas corintias y el frontón triangular arriba. Parece totalmente fuera de contexto.

Me ofende profundamente cada vez que lo veo, sea quien haya hecho ese agregado. Me llevó de vuelta a Ginebra. Cuando visité esa ciudad, quería ver la iglesia de San Pedro donde se produjo la reforma de Juan Calvino. Esta iglesia era una estructura católica de estilo medieval gótico, con enormes arbotantes y contrafuertes. Un típico edificio gótico. Adentro está bastante vacío, porque Calvino se deshizo de toda la decoración, todas las estatuas, todos los grabados, y reemplazó toda la decoración elaborada por sencillos bancos de iglesia. De modo que no hay mucho para mirar adentro. Pero cuando salimos por la puerta del lado oeste, para mi horror, contra esta hermosa iglesia gótica, le habían encajado (solo puedo decir "encajado") un pórtico griego. Otra vez aparecían las columnas y el frontón triangular arriba, adosado a un edificio gótico. No encaja para nada. Parece espantoso. Mientras daba unos pasos atrás a través de la plaza para ver mejor este monstruoso engendro (citando a otra persona), me topé con una estatua sobre un pedestal en el lado opuesto del lugar. Sobre la estatua está la figura en bronce de un hombre que retrocede horrorizado mientras mira este pórtico griego. Debajo decía "Jeremías". Lamentablemente, no pude averiguar quién había puesto la estatua ahí y por qué motivo, y cómo se salió con la suya. No hay postales de este monumento. Quise conseguir una fotografía de esta estatua de bronce de un profeta que retrocede espantado ante el agregado griego a lo que había sido una atractiva iglesia gótica, pero no era fácil. Es una parábola, y yo me identifico con esa estatua.

Retrocedo horrorizado ante lo que el pensamiento griego ha hecho a la iglesia cristiana a lo largo de los siglos. Se ha hecho un daño inmenso a la fe cristiana hasta el día de hoy mismo. Quiero mostrarle que usted y yo hemos sido víctimas de esto, al punto de leer la Biblia con un par de lentes griegos. El significado de mi título, el significado de "desgreciar" (y tal vez pensó que era un error mío) es precisamente lo que he dicho: necesitamos sacar de la iglesia la influencia griega que es ajena a ella, ajena a nuestra fe. Ahora bien, la mayoría de las personas es consciente de que los griegos han tenido alguna influencia sobre nuestra cultura. Quienes piensan que el fundamento de la civilización occidental es judeocristiano están equivocados. Es mucho más grecorromano. Permítame simplemente tomar al azar cuatro aspectos de *nuestra* cultura moderna, *nuestra* vida occidental, que se retrotraen directamente a Grecia.

El primer aspecto al que quiero llamar la atención es a la arquitectura. Hasta que los arquitectos pudieran contar con el acero y el hormigón armado, teníamos que construir principalmente con piedras. Cuando uno mira los edificios públicos que se han construido con piedra, está viendo templos griegos. Camine por la City de Londres, mire la Bolsa, la catedral de San Pablo. Especialmente desde el Gran Incendio de Londres en 1666, que destruyó unas doscientas iglesias, luego del cual Sir Christopher Wren las reconstruyó basándose en la arquitectura griega. La iglesia All Souls Langham Place es completamente griega, como verá si alguna vez asiste a un culto en ese lugar. Si usted sale a caminar y mira las iglesias que hizo Wren en Londres, estará viendo arquitectura griega. Ya sea que las columnas sean corintias, dóricas o jónicas, son griegas de la cabeza a los pies. Hemos basado nuestra arquitectura en ellas. Ayuntamientos, museos, bibliotecas, galerías de arte; los encontrará de un extremo a otros del país.

Aún más en Estados Unidos. Salga a caminar por Washington DC, mire el Congreso, mire los monumentos. Son todos templos griegos. Mire cualquier casa grande en Estados Unidos, y verá que en el frente hay un templo griego. De modo que la arquitectura tiene una gran deuda con Grecia. Ahora bien, no estoy diciendo que esté mal a esta altura. Solamente señalo cuán profundamente su arquitectura ha influido en nuestras vidas.

Pasemos de la arquitectura a la política. No hay ni un rastro de democracia en la Biblia. Cada país que aparece en la Biblia era una monarquía absoluta gobernada por un rey. Era un verdadero reino —no como nuestro Reino Unido, que no es ni un reino ni está unido—, donde el rey gobierna, donde no hay partidos políticos, donde no hay elecciones, donde no hay votos, donde no hay debates sobre las leyes. El rey las hace y punto aparte. Así eran todos los países que aparecen en la Biblia. La Biblia no enseña la democracia. Recuerdo cuando fui a ver la película "Los Diez Mandamientos". Cecil B. DeMille aparece al final para decir unas palabras, y nos dijo que esta película era acerca del comienzo de la democracia occidental: la historia de Moisés. No hay una sola cosa sobre la democracia en la historia de Moisés o en los Diez Mandamientos. Pero eso fue lo que dijo.

Ahora estamos acostumbrados a la democracia. Winston Churchill tenía razón cuando dijo: "La democracia es la peor forma posible de gobierno, excepto todos los demás". Lo que quería decir era que uno está a salvo de una dictadura cuando puede cambiar a este grupo y poner otro grupo en su reemplazo. Aunque, como dijo Studdert Kennedy acerca de una elección general: "Es un montón de pecadores que sale y otro montón que entra". No solo comenzaron la democracia los griegos, sino que les debemos una idea llamada "descentralización": la presión constante hacia afuera y hacia abajo para que las personas tengan la oportunidad de gobernarse a sí mismas. Pero nada de esto está en la Biblia.

Un tercer aspecto de nuestra vida hoy es el deporte. ¿De *dónde* obtuvimos nuestro amor por el deporte, nuestra *obsesión* con el deporte? Casi me atrevería a decir, para algunos hombres de este país, la *religión* del deporte. No salió de la Biblia. La Biblia dice muy poco sobre el deporte. El único texto que viene a la mente es: "el ejercicio corporal para poco es provechoso". ¡Un amigo mío dijo que obtenía todo el ejercicio que necesitaba subiendo las escaleras de hospitales para visitar a amigos que salían a correr! ¿De dónde obtuvimos el deporte? Lo obtuvimos de Grecia, de los Juegos Olímpicos y, cruzando el mar Egeo, los Juegos Jónicos en el oeste de Turquía. El deporte era una obsesión para los griegos. El cultivo del cuerpo vino de Grecia. Sus estatuas le dicen cuál era el físico ideal que había que tener, con bíceps muy exagerados y cosas similares. La exhibición del cuerpo humano formaba parte de la cultura griega, que era la razón por la que la mayoría de sus deportes se hacían desnudos.

Veamos un cuarto aspecto: el entretenimiento. Los griegos

tenían todo lo que nosotros tenemos en televisión, excepto la televisión. Tenían teatros, debates y discusiones. Vivían para el ocio. No vivían para el trabajo. El trabajo era un mal necesario, pero uno encontraba el verdadero sentido de la vida en el ocio, después de terminar su trabajo. De ser posible, uno empleaba un esclavo para hacer el trabajo propio, para que uno pudiera darse la gran vida, para que pudiera seguir los intereses del ocio.

En las grandes bibliotecas que construyeron o los estadios deportivos que mencioné, o en los teatros, o en las salas de debates como el Areópago, la colina de Marte, donde Pablo participó en una discusión, o intentó hablar. Eran personas que debían ser entretenidas. La industria del entretenimiento tenía que ser una industria gigantesca. Las dos terceras partes de las personas en Grecia eran esclavas que hacían el trabajo para que el resto pudiera disfrutar del ocio.

¿Le suenan vagamente conocidas estas cosas? Somos personas del deporte, somos personas del entretenimiento, vivimos para el fin de semana. Encontramos nuestro verdadero ser en las actividades que *nosotros* escogemos en nuestro tiempo libre, más que en las actividades que son escogidas para nosotros en nuestro trabajo. Pero a mí me preocupa no tanto la influencia de Grecia sobre nuestra cultura general, sino la influencia sutil de Grecia sobre la iglesia y sobre el pensamiento cristiano, algo que tal vez pocos lleguen a notar.

La raíz del cristianismo está en un mundo bastante diferente que Grecia. La Biblia nos dice dónde están nuestras raíces. Nuestras raíces se encuentran en el mundo hebreo, el mundo judío. Ese mundo era casi lo opuesto en cada aspecto a la antigua Grecia. El Antiguo Testamento es totalmente hebreo, y de hecho fue completado antes que los griegos aparecieran en escena. Cuando más uno lee el Antiguo Testamento más estudia las raíces del cristianismo, que estaban bien hundidas en el suelo mucho antes que se pensara en Grecia, aunque se la menciona una o dos veces en el Antiguo Testamento. Los hebreos no vivían para el ocio. Trabajaban seis días a la semana, y el séptimo día no era un feriado, sino un día santo, un día para Dios, no un día para *ellos*. Vivían para el trabajo y para la adoración. No vivían para el deporte; no tenían tiempo para él. No vivían para el entretenimiento. Trabajaban para Dios y adoraban a Dios.

El Nuevo Testamento, es cierto, fue escrito en el idioma griego. Pero cada uno de los escritores, salvo uno, fueron hebreos. Si bien el idioma es griego, el pensamiento es hebreo. Sigue siendo un libro judío. El único escritor gentil, el Dr. Lucas, obtuvo toda su información de personas judías y viajó con un propagandista llamado Pablo. Así que toda nuestra Biblia es hebrea de principio a fin. Esta es la razón, por ejemplo, que la Biblia tiene una visión tan elevada del trabajo, y especialmente del trabajo *manual*, mientras que, para los griegos, el trabajo manual era para el esclavo y el inmigrante. El trabajo duro de las manos no era para el griego. Era para toda otra persona que pudieran conseguir que lo hiciera. ¿Le suena conocido en la Europa moderna? Si usted tiene un coche alemán, probablemente fue construido por personas que no eran alemanas.

El trabajo manual era considerado como el último escalón en la sociedad griega. Las personas que trabajan con la cabeza estaban más arriba en la escala social que los que trabajan con las manos. En la Biblia, es al revés. En la Biblia, el trabajo manual tiene la máxima dignidad. La mayoría de los que Dios llamó a un ministerio de tiempo completo y a un trabajo importante ya habían calificado a través de alguna forma de oficio manual, ya sea como pastor de ganado o como pescador ("recaudador de impuestos" era una excepción). El Hijo de Dios mismo estuvo en un taller de carpintería dieciocho años. Fue un trabajador de la madera dieciocho años y un trabajador de milagros durante tres años y, si mis matemáticas están bien, es una proporción de seis a uno, la misma que su Papá Celestial. ¿No es así? ¿Leyó Génesis 1 recientemente? Dieciocho a tres, seis a uno. ¡Imagínese poner al Hijo de Dios, el Salvador del mundo, a trabajar con sus manos dieciocho años como preparación para salvar al mundo! Es la última cosa que los griegos habrían siquiera *pensado* en hacer. Pero es muy hebreo.

Ahora bien, aquí tenemos dos mundos completamente disímiles que se desarrollaron de manera bastante autónoma entre sí, aunque no demasiado separados geográficamente; estaban a solo unos pocos cientos de kilómetros cruzando el mar. El Antiguo Testamento se había completado para el año 400 a.C., si bien el canon, o la colección reconocida de los libros del Antiguo Testamento, no se estableció hasta cerca de 100 a.C. Pero para 400 a.C. la última palabra de nuestro Antiguo Testamento había sido escrita, antes que aparecieran los griegos.

Malaquías fue el último profeta en traer una palabra de Dios. Durante los siguientes cuatrocientos años Dios se mantuvo completamente en silencio. Fue la segunda vez que estuvo en silencio por cuatrocientos años. La primera vez fue cuando los hebreos fueron esclavos en Egipto. Pero la segunda vez fue entre nuestros libros de Malaquías y Mateo. Durante cuatrocientos años Dios no envió a un profeta y no habló, que es la razón por la que no tenemos ningún libro escrito durante esos cuatro siglos en la Biblia. Se escribieron libros judíos, y los llamamos los Apócrifos, o los "libros ocultos", pero no entran en nuestra Biblia porque no son la Palabra de *Dios*. Son palabras humanas. Son verdaderas, verdadera historia, verdaderas ideas, pero no son la Palabra de Dios. Es fascinante que hay una frase que aparece 3808 veces en el Antiguo Testamento, pero ni una vez en los Apócrifos. Es la simple frase: "así dice Yavé" o, en nuestras Biblias, "así dice el Señor". Esa frase no aparece durante cuatrocientos años, ni se realizan milagros durante cuatrocientos años. Es casi como si Dios se hubiera retirado de la escena terrenal durante cuatrocientos años.

Mi especulación es que el diablo aprovechó su oportunidad. Pocas décadas después que Dios habló su última palabra, los filósofos griegos hicieron su entrada en el escenario del mundo y nos dieron *su* filosofía, *sus* pensamientos, *sus* palabras. Muy rápidamente, tuvimos a Sócrates, casi inmediatamente después de Malaquías. Fue seguido por su alumno Platón, seguido después por Aristóteles, el tutor de Alejandro Magno. Estos tres hombres, en particular, nos dieron toda una nueva idea, un ideal completamente nuevo.

Esa palabra, "ideal", es característica de ellos. Estos filósofos nos dieron nuevas ideas, y nuevos ideales. Sócrates no escribió nada, sino realizó toda su enseñanza en diálogos con sus alumnos —preguntas y respuestas todo el tiempo—, centrados en la lógica y la ética. Todos ellos estaban preocupados por la conducta moral. En términos sencillos, cómo hacer buenas a las personas malas. Pero Sócrates fue condenado a muerte. Fue acusado de corromper a los jóvenes y de ser ateo. Fue condenado a suicidarse bebiendo cicuta. Mientras bebía el veneno, dio un discurso a sus alumnos sobre el placer de morir, acerca de la liberación que traería.

Sin embargo, Platón, su alumno, escribió bastante, en poesía y en prosa, y abrió una academia en Atenas a la que acudían estudiantes de todo el mundo entonces conocido. Luego Aristóteles, el tercero de los tres grandes, escribió cuatrocientos libros. La enseñanza de estos tres hombres se difundió por toda Europa y la civilización occidental, y ha tenido una profunda influencia sobre todos nosotros, nos guste o no. Sin ser siquiera conscientes de esto, la influencia griega nos llegó a través de nuestra educación normal.

Estos tres hombres fueron los padres de la *filosofía* griega, una palabra que significa simplemente lo que las personas piensan. También influyeron profundamente en la cultura griega. Pero voy a trazar una distinción ahora entre la cultura griega, que ya he mencionado, y la filosofía griega, que es mi tema principal. La Biblia dice: "Cual es su pensamiento en su corazón, tal es él". En otras palabras, la forma en la que pensamos constantemente moldeará nuestra conducta, nuestro carácter y nuestro estilo de vida. La forma en que pensamos es la clave de quienes somos, como individuos y como sociedad. La forma en que pensamos acerca de nosotros, la forma en que pensamos acerca del mundo en que vivimos, la forma en que pensamos acerca del Dios que está arriba, todas estas moldearán nuestro carácter, moldearán nuestro estilo de vida, nos harán lo que somos.

Quiero concentrarme ahora en un aspecto específico del pensamiento griego que ha corrompido la fe cristiana más que cualquier otro. Está en el mundo de las ideas y los ideales. Cuando uno tiene ideales, tiene valores. Todos tienen valores. Pero cuando tenemos valores tenemos una escala de valores, una especie de escalera. Arriba de todo ponemos las cosas que valoramos más, y abajo las que menos valoramos. Terminamos con una escala de valores, y todos tiene una escala de este tipo.

Si le pidiera simplemente hacer una lista, si su casa se estuviera quemando, ¿por qué cosa volvería a entrar para sacarla de la casa? Esto revelaría inmediatamente qué está al tope de su escala de valores. Yo le diré ahora lo que volvería a buscar: mi Biblia. No porque sea tremendamente piadoso, sino porque contiene años de notas y subrayados, y todo el fruto de mi pensamiento durante años y años. Simplemente no podría estar sin ella. Correría de vuelta para buscarla (bueno, primero sería mi esposa). ¿Qué cosa iría corriendo a buscar usted? ¿Cuál es su escala de valores? ¿Qué estaría más dispuesto a perder en su estilo de vida presente, o a qué cosa se aferraría como si fuera lo último en la vida?

Los griegos, esos filósofos, enseñaban una escala de valores, que era la siguiente. Imagine una escalera. El peldaño superior podremos rotular "espiritual". Ponían las cosas espirituales como el valor más alto. El peldaño inferior tendríamos que rotular "físico", porque valoraban las cosas físicas por debajo de todas las demás. Estamos hablando de los filósofos ahora. ¿Dónde pondrían las cosas mentales e intelectuales? Probablemente las pondrían en el segundo peldaño superior, muy cerca de lo espiritual. ¿Se da cuenta de lo que está pasando? Se está abriendo una brecha entre lo espiritual y tal vez lo mental, y lo físico debajo de todo. Si bien la intención era solo ser una escala de valores graduada, se desarrolló en lo que llamamos un "dualismo", que significa una división marcada de la vida en dos compartimentos, uno de los cuales uno valora mucho y la otra que casi no valora en absoluto. Se convirtió en una fractura entre lo espiritual y lo físico. Y una vez que uno ha hecho esa clase de división, entonces siguen un montón de cosas como consecuencia.

Uno comienza a dividir a la persona en dos partes: cuerpo y alma. Es asombroso cuántas personas creen que los cristianos hacen esto. Pero es una idea griega que yo tengo un alma en un cuerpo. Cuando Dios sopló dentro del cuerpo de polvo que había hecho, el cuerpo de arcilla, sopló sobre el polvo y Adán se convirtió en un alma viviente. Las personas creen que Dios puso un alma en la arcilla. No, dice: "La *arcilla* se convirtió en un alma viviente". Esa frase, "un alma viviente", puede ser encontrado en Génesis 1 aplicado a animales; es la misma frase. Los animales son almas vivientes porque, en el pensamiento hebreo, un alma es un cuerpo que respira. No es algo *distinto* del cuerpo, sino que es un cuerpo vivo, un cuerpo vivo que respira.

Por esa razón, cuando su cuerpo está en peligro y usa

la señal de peligro tradicional, no dice "¡S.O.B.!", sino "¡S.O.S.!"[1] (salva nuestras almas). Por supuesto, ¡lo que uno quiere decir es que mantenga a nuestro cuerpo respirando! Ahora está pensando en hebreo. Pero la idea de que estamos formados por dos partes —el cuerpo, que tiene poco valor, y el alma, que tiene verdadero valor— ha llevado a que los cristianos hablen de salvar almas, cuando en realidad son llamados a salvar personas enteras, a salvar sus cuerpos vivos también. ¿Ve cómo esto cambia su forma de pensar?

Tomemos una típica canción cristiana que es completamente griega: "El cuerpo de John Brown se está enmoheciendo en la tumba. El cuerpo de John Brown se está enmoheciendo en la tumba. El cuerpo de John Brown se está enmoheciendo en la tumba y su *alma* sigue marchando".[2] No es esto lo que los cristianos creen, sino lo que los griegos creían. Pero es asombroso en cuántos funerales cristianos las personas hablan como griegas.

No solo el hombre es dividido en cuerpo y alma, sino que la vida se divide en sagrado y secular. Un ex misionero vino para hablar conmigo a la iglesia el otro día. Le dije: "¿Qué estás haciendo ahora?".

Contestó: "He vuelto a la ingeniería. Estoy de nuevo en un trabajo secular".

Dije: "No, no lo estás".

"Sí", dijo, "lo estoy. Era un misionero, pero ahora soy un ingeniero nuevamente".

Dije: "Estás en un llamado sagrado". Me miró como si fuera como de otro planeta.

Dije: "No hay nada secular excepto el pecado. Todos los trabajos tienen la misma importancia para Dios".

Volveré a esto, porque *nosotros* tendemos a dividir a las personas entre los que tienen un trabajo sagrado y los que tienen un trabajo secular. Eso es una forma de pensar griega. No existe tal cosa como un trabajo secular. Hay trabajos inmorales y trabajos ilegales. Esos son seculares. Pero Dios prefiere a un buen taxista que un mal misionero. Me pregunto cuándo usted pensó en eso la última vez. Volveré a esto más tarde. Es una de las áreas en las que el pensamiento griego ha arruinado nuestra forma de pensar cristiana acerca del trabajo que hacemos.

La vida es dividida en sagrada y secular. El universo es dividido en natural y sobrenatural, que no es una división que encontremos en la Biblia. Permítame hacerle una pregunta: ¿pondría usted al diablo del lado natural o sobrenatural del universo? Es que la Biblia no habla de esta forma. La Biblia habla de Creador y criatura. Ahora, ¿de qué lado está el diablo en *esa* división? Es una criatura. Pero cuando uno piensa en griego lo pone del lado sobrenatural, junto con Dios, y esa una categoría errónea para él.

Luego dividimos la religión entre el cielo y la tierra, entre lo eterno y lo temporal, y esta brecha parece abrirse. La muerte se convierte entonces en un amigo, más que un enemigo. En la Biblia hebrea la muerte es un enemigo del principio al final, porque la muerte es una restricción. Uno pierde su cuerpo en la muerte, y eso lo restringe. De ahora en más usted no puede comunicarse con los vivos. De ahora en más usted está separado de sus seres queridos. Es una restricción, un enemigo. Rompe familias. Pero, para los griegos, la muerte era un amigo. Vea a Sócrates bebiendo cicuta y diciendo: "Estoy a punto de ser liberado de la cárcel de mi cuerpo".

Déjeme intentar ilustrarlo. Imagine un vaso de agua. Para los griegos, el vaso es mi cuerpo y el agua es mi alma, y mi alma está encarcelada en mi cuerpo. Necesita liberación. Cuando muero, es como si alguien tomara el vaso de agua, derramara el agua en el océano e hiciera estallar el vaso sobre las rocas. Soy liberado de mi cuerpo. Mi alma fluye nuevamente hacia el océano de la realidad. El problema es que pierde su identidad. El agua no sabe quién es entonces. Está perdida.

Pero los griegos esperaban la muerte como un amigo, como una liberación de la prisión del cuerpo. Lo he escuchado decir en muchos funerales: "¡Qué liberación misericordiosa!", como si la persona hubiera dejado de sufrir por completo. En realidad, podría pasar a un sufrimiento mayor, pero parece una liberación porque los músculos se relajan y el cuerpo está en paz. Pero la muerte es una restricción. Es un enemigo. El Antiguo y el Nuevo Testamento siempre lo tratan como un enemigo: el último enemigo que combatimos, el que gana, y el que necesita ser conquistado por Dios. La buena noticia es que la muerte ha sido conquistada por Cristo. Pero es un enemigo. No debe ser acogido, jamás.

Ni siquiera es un suceso natural. Es una ejecución para todos nosotros. Este cuerpo que estoy usando un día se pudrirá, porque yo quiero ser enterrado y no cremado. Se convertirá en una espantosa masa maloliente que usted no querrá mirar, tocar ni oler. ¿Por qué hace esto el cuerpo? Porque una persona podrida vivió en él. Es la sentencia de Dios sobre personas que están podridas: que sus cuerpos de pudran. Por eso dijo, mil años antes que llegara Jesús: "Si alguna vez llega a vivir un hombre santo en la tierra, no dejaré su cuerpo en la tumba para que se pudra", que es la razón por la que Jesús resucitó antes del cuarto día.

Volvamos ahora a los griegos. Hay dos efectos importantes de lo que llamamos este "dualismo", esta división entre lo sagrado y lo secular, lo temporal y lo eterno, lo físico y lo espiritual. Esta profunda brecha tiene efectos sobre dos importantes cuestiones de la vida. La cuestión número uno: *el bien*. La número dos: *Dios*. Este dualismo ha afectado el pensamiento griego de lo que es el bien y quién es Dios. Tomemos la idea del "bien" primero. Si usted valora estéticamente las cosas espirituales mucho y las cosas físicas poco, no pasará mucho antes que sus valores estéticos se transformen en valores morales.

Le podría dar un buen ejemplo aquí: la ropa del domingo. La ropa dominical podría ser simplemente estético. Pero me crie creyendo que uno pecaba si no se ponía la ropa del domingo, y los valores estéticos se convirtieron sutilmente en valores morales. Es una de las cosas que más nos cuesta distinguir: ¿cuáles son valores estéticos y culturales, y cuáles son auténticos valores morales? No queda claro.

El resultado del pensamiento griego sobre el bien fue que las personas comenzaron a pensar que las cosas espirituales eran buenas y las cosas físicas eran malas. Uno puede ver adónde conduciría eso. Llevaría a la creencia de que su cuerpo era la fuente del mal y su alma era la fuente del bien, y que la tarea de su alma era liberarse de la influencia mala de su cuerpo. Debido a que vivimos en un mundo físico con cuerpos físicos, el mal nos rodea por todas partes. Tenemos que ser liberados de lo físico a fin de ser buenos. Ahora bien, esta es una idea muy *peligrosa*, pero me temo que vamos a ver que se metió en el pensamiento cristiano. Pero es una forma de pensar *griega*.

Cuando los griegos pensaban en Dios, lo ponían ahí arriba, en lo espiritual, tan lejos de lo físico como fuera posible. Por lo tanto, escindieron al Creador de su creación. No podían creer en un Dios que se enredara en este mundo físico, un Dios que tuviera algo que ver con él. Se había lavado las manos con relación a él. Él es *espiritual*. Está muy lejos allá arriba. Está en un mundo eterno muy distante de este mundo cambiante del tiempo y el espacio, este mundo físico en el cual vivimos nosotros. Esto deja un problema. Si Dios está muy por encima de todas las cosas físicas y nunca se ensució las manos con cosas físicas, ¿quién creó todo *esto*? Los griegos idearon dos respuestas algo risibles. Se las doy porque verá el motivo más adelante.

La primera respuesta era creer que había una especia de semidios, lo que llamamos un "demiurgo". Es una palabra extraña. Significa una especie de medio dios, alguien entre Dios y el mundo. Postulaban que este ser estaría a mitad del camino entre el que era responsable de crear y sustentar el universo físico y lo que había creado. Pero Dios mismo estaba muy por encima de todo. Tenía una especie de delegado, un agente que se ensució las manos con un mundo físico para él y en nombre de él. Esa era una respuesta.

La respuesta a la que llegó Aristóteles era que el mundo nunca fue creado en realidad, que la materia era eterna, que el universo siempre estuvo ahí, y que se maneja solo. Es interesante que Aristóteles fue el primer hombre en enseñar la teoría de la evolución. El universo, al ser eterno, se controlaba solo y evolucionó solo. Es independiente de Dios. Esa idea no aparecería hasta casi dos mil años después a través de un hombre llamado Erasmo Darwin, el abuelo de Charles. Él era un ateo convencido y creía lo mismo que Aristóteles, y enseñó a su nietito la teoría de la evolución.

En lo que he estado bosquejando de manera muy breve e inadecuada —en realidad, de manera simplista—, creo que usted podrá detectar los inicios del humanismo secular. Los fundamentos fueron puestos en Grecia para el humanismo secular hoy. El mundo en el que vivimos es un mundo de religión privatizada en el que uno puede ser religioso como un asunto privado, pero no espere que afecte la vida pública en absoluto. Todo comenzó allá atrás en el tiempo.

Ahora quiero trazar la historia de la interacción entre el mundo griego y el hebreo, y después recorreré algunos ejemplos de pensamiento cristiano es áreas específicas donde hemos sido inducidos a error seriamente por la forma de pensar griega. Finalmente, quiero decirle cómo contrarrestar esto, cómo curarse de esto, cómo "desgreciarse", porque no "desgreciaremos" la iglesia a menos que "desgreciemos" a los miembros de la iglesia. La iglesia misma no existe aparte de nosotros, así que somos nosotros quienes necesitamos ser "desgreciados".

Pero primero quiero darle un breve bosquejo histórico de cómo se encontraron estos dos mundos —el mundo griego y el mundo hebreo— y lo que ocurrió cuando lo hicieron. Volveremos al tiempo antes de Cristo, y tenemos que centrarnos en dos ciudades del mundo antiguo donde se encontraron. Una fue Jerusalén, y la otra fue Alejandría, en Egipto. Tomemos Jerusalén primero. Un día llegó a Jerusalén un invasor, un rey sirio, llamado Antíoco Epífanes, o Antíoco IV. Vino arrasando desde Siria para invadir el pequeño país de Israel y capturar la capital. Antíoco Epífanes era un apasionado de la cultura griega, y se había propuesto imponerla en cada tierra que conquistara. Así que impuso la cultura griega en Jerusalén en forma despiadada. Una historia terrible.

Construyó un estadio deportivo e introdujo los deportes que se practicaban desnudos, que difícilmente podrían ser más ofensivos para el pueblo judío. Entró en el templo y erigió una estatua de Zeus, el "rey de los dioses", sobre el altar mayor. Luego sacrificó cerdos sobre el altar. No cordero asado, sino cerdo asado. Luego trajo prostitutas sagradas al templo judío y llenó las sacristías de los sacerdotes hasta que se convirtieron en un prostíbulo. Le llevó tres años y medio. En esos tres años y medio el pueblo judío fue violado en todos los sentidos de la palabra. Fue un tiempo terrible. Había sido profetizado por el profeta Daniel siglos antes, y lo había llamado "la abominación desoladora", esta espantosa imposición de la cultura griega sobre el pueblo judío, el primer verdadero encuentro que tuvieron con ella.

Un comentario aparte. Jesús tomó tanto la predicción de Daniel como los tres años y medio de Antíoco Epífanes. Jesús habló de un tiempo futuro de aflicción como el mundo nunca había visto que ocurriría antes del final de los tiempos. Sería lo que llegó a conocerse como la Gran Tribulación, que duraría tres años y medio, 42 meses, 1260 días. Está todo ahí en el libro de Apocalipsis, una especie de evento futuro prefigurado por Antíoco Epífanes, la Abominación Desoladora. La reacción entre los judíos fue de completo horror.

Hubo dos grupos que reaccionaron muy fuertemente. Uno era una familia de siete hermanos llamados los macabeos. Decidieron luchar. Realizaron una campaña terrorista y lograron librarse de los griegos, y durante varios años tuvieron su propio rey judío, la dinastía de los asmoneos, que duró hasta 63 a.C., cuando llegaron los romanos.

El otro grupo que reaccionó contra esta invasión de una cultura extraña fue una especie de movimiento puritano. Se llamaban fariseos. Vivirían de manera separada de todo esto. No iban al teatro, no iban al estadio. Vivían de manera separada y se mantenían puros y limpios. Fue así que comenzaron los fariseos, que resultaron ser los mayores enemigos de Jesús en un momento. Ese fue el primer encuentro entre la cultura griega y la cultura hebrea. Fue así como terminó.

Fue un fracaso, ese intento de imponer esa cultura al pueblo judío. Pero vayamos ahora a la ciudad de Alejandría, en el delta del Nilo, en Egipto. Aquí, de una manera mucho más sutil, la influencia griega ingresó no en su cultura sino en su pensamiento. Porque a esta altura había judíos esparcidos por todo el mundo entonces conocido, la costa del Mediterráneo, en la diáspora, la dispersión. Había estudiantes judíos que venían a la segunda mayor universidad griega del mundo. La primera era Atenas, la que había comenzado Platón. La segunda era Alejandría, iniciada por Alejandro Magno, el joven alumno de Aristóteles. Abrió una universidad en Alejandría, construyó una nueva ciudad, a la que fueron estudiantes judíos primero y luego estudiosos judíos.

Acá había un punto, un crisol, donde el pensamiento judío y el pensamiento griego se mezclaron en la misma escuela, las mismas salas de conferencias, la misma universidad. ¿Quién ganaría aquí? ¿Quién influiría a quién aquí? Fue aquí mismo, en Alejandría, que los eruditos judíos decidieron traducir sus escrituras al griego, para que el mundo griego pudiera escuchar la verdad del Dios de Israel. Setenta eruditos tradujeron fielmente el Antiguo Testamento al idioma griego. Se la llama la "Septuaginta", por los setenta eruditos que la hicieron. O a veces uno lo ve escrito con numerales romanos, "LXX", como abreviatura de esta traducción griega. Eso fue bueno. Esto permitiría al mundo griego conocer al Dios verdadero, el único Dios, el Dios de Israel.

Pero me temo que esta influencia también tomó otro rumbo. Se introdujo un nuevo método de estudio al pueblo judío, que uno escucha en los púlpitos cristianos cada domingo. Se llama el método *alegórico* de estudio bíblico. Este método dice que hay significados espirituales ocultos en cada parte de la Biblia, que el sentido llano y directo de una afirmación es solo un significado, y que detrás hay un significado espiritual. En especial, las afirmaciones físicas de la Biblia deben tener un significado espiritual detrás para que tengan verdadero valor.

Por lo tanto, los judíos comenzaron a leer la Biblia no de acuerdo con sus afirmaciones físicas llanas, sencillas y literales, sino que comenzaron a buscar detrás de ella un código oculto. Eso dio inicio a una forma de mirar la Biblia que lleva de una punta a otra mediante un único hilo, a un libro llamado *El código secreto de la Biblia*, de un hombre llamado Michael Drosnin. Seguro que han escuchado de esto, porque lo han visto en librerías y tiendas. La Biblia, según este enfoque, está codificado. Está lleno de mensajes secretos, lleno de cosas muy espirituales. Aunque tal vez haga una afirmación sencilla sobre un hecho físico, el significado real está detrás de todo eso. Esto es una aproximación alegórica de las escrituras.

Ahora bien, claramente hay algunas partes de la Biblia que son alegóricas, que son simbólicas. Pero la mayor parte de las escrituras son afirmaciones sencillas y directas que tienen que ser tomadas en sentido literal. Si siempre está buscando un mensaje oculto, un significado oculto, el gran problema es que no hay ningún control en lo que uno encuentra. Usted dice: "Bueno, esto es lo que *yo* pienso que significa", y otra persona dice: "Bueno, yo pienso que significa *esto*". ¿Y quién dice quién tiene razón? Uno puede entonces *introducir* en las escrituras lo que usted quiere encontrar. Eso se llama *eisegesis*. En vez de *sacar* de las escrituras, que se llama *exégesis*, lo que ya está ahí.

Un hombre llamado Filón comenzó a hacer esto con el Antiguo Testamento y se lo presentó a sus compañeros eruditos judíos. Tomó la doctrina griega del demiurgo entre Dios y el mundo, que creó el mundo. No Dios mismo, sino un delegado, un demiurgo, un dios a medias que creó el mundo. Dio un nombre a ese demiurgo: "el logos". Usted tal vez sepa que esa palabra griega significa "la palabra", y verá la importancia de esto en breve. Filón dijo que el mundo fue creado, no tanto por Dios sino por el logos, este demiurgo, este algo entremedio.

No estamos seguros siquiera si Filón pensaba en el logos como una persona, o si simplemente estaba personificando la fuerza que creó el mundo. Simplemente no lo sabemos. Tendríamos que preguntarle. ¿Sabe a lo que me refiero cuando digo "personificar"? Cuando un hombre habla de su nuevo coche deportivo como "él": "¡Él anda tan bien!". Eso es personificar. No es una persona, pero uno habla como si lo fuera. Así que no estamos seguros si él estaba personificando al logos o si estaba diciendo que el logos era una persona. Estas eran algunas de las cosas que sucedían en Alejandría.

Miremos muy rápidamente el conflicto entre el pensamiento griego y el cristianismo. Todo lo que he dicho hasta ahora ocurrió antes que viniera Cristo. Después que vino Cristo, era inevitable que hubiera un encontronazo con el pensamiento griego, ya que la fe cristiana se extendió por todo el mundo del Mediterráneo. Aproximadamente durante las primeras décadas y posiblemente el primer siglo, el cristianismo estuvo protegido por el hecho de que fue perseguido. Los creyentes eran considerados como diferentes. Eran forajidos. Eran ilegales, una *religio illicita*. No eran reconocidos legalmente como una religión. Eran perseguidos.

No tengo que meterme en todo eso, pero cientos de miles de ellos sufrieron exactamente lo que personas de muchos otros lugares han experimentado: fueron muertos por su fe. Pero eso los protegió en un sentido de ser influenciados demasiado por quienes los consideraban como enemigos, y los mantuvo a cierta distancia. Sin embargo, tarde o temprano el encuentro fue inevitable. Sí, la cultura y la filosofía los rodeaba por todos lados. Las pequeñas iglesias crecieron en el mundo grecorromano.

Hay dos lugares a los que quiero llamarle la atención. El primero es el oeste de Turquía. Mi esposa y yo tuvimos el privilegio de ir a ese lugar con un equipo de filmación y cincuenta personas. Recorrimos las siete iglesias de Asia, filmándolas, hablando de ellas, estudiando las cartas que Jesús escribió a esas siete iglesias. Me asombra que las personas presten más atención a las cartas de Pablo que a las cartas de Jesús. ¿No es sorprendente? Solo tenemos siete cartas que Jesús escribió a las iglesias. Son cartas maravillosas, dirigidas todas a una zona diminuta. Se puede ver la zona claramente, no solo en un mapa sino desde el espacio exterior. Tengo una fotografía satelital de Turquía, y ahí aparece una pequeña franja verde en la parte superior, en la costa del mar Negro. El resto tiene un color marrón y seco, excepto por un pequeño círculo en el sudoeste, que es de un verde brillante. Este círculo verde al día de hoy cubre las siete iglesias de Asia, o por lo menos los restos de esas siete iglesias.

Era una zona tremendamente fértil y rica, con ríos que la recorrían. Uno era el río Meandro. ¿Alguna vez oyó ese nombre? Ha dado su nombre a cada río parecido. Estos ríos produjeron valles sumamente fértiles. Había oro allí. Fue donde se inventó el dinero. El rey Creso vivía ahí, e inventó el dinero para facilitar los intercambios. Habrá escuchado el dicho: "rico como Creso". Tal vez no, pero existe ese dicho. Aquí, en esta zona, hay un ejemplo muy concentrado de la cultura grecorromana. Cuando uno camina por la calle principal de Éfeso y mira los restos del teatro, la biblioteca, la magnífica arquitectura griega, se da cuenta de que en este círculo estaba concentrada la cultura y la filosofía del mundo clásico.

No solo era una zona rica y culta, sino que estaba justo en el camino principal de Europa a África y Asia. El camino, en realidad, se dividía y recorría ambos lados del pequeño círculo, se volvía a unir, y seguía a India, China y África. Era un área clave, y ahí había siete pequeñas iglesias a principios del primer siglo.

El diablo hizo de esa zona su prioridad máxima. De hecho, tenía su sede en un lugar llamado Pérgamo. Cuando Jesús escribió a la iglesia de Pérgamo, dijo: "Sé dónde resides, porque es donde reside Satanás". Satanás no puede estar en más de un lugar a la vez. Tiene una sede, y en ese momento su sede era en el oeste de Turquía, en Pérgamo, arriba de la montaña más alta que miraba a la ciudad.

Si usted va a Pérgamo hoy, a la cima de esa montaña, verá teatros, un estadio, bibliotecas. Una colección magnífica de cultura está concentrada arriba de ese monte. Hay que subir por un pequeño camino sinuoso y muy empinado. Si ha ido a Pérgamo habrá visto ese monte. ¿Vería el trono de Satanás? No, no lo verá, porque ha sido trasladado a Alemania. Si lo quiere ver ahora tiene que ir al Museo de Pérgamo en Berlín, porque ha sido trasladado allí, cada una de las piedras, por un arqueólogo alemán. Era un sillón gigantesco, un templo en forma de "u". En el medio había un altar, del cual salía humo negro habitualmente, día y noche. Uno podía mirar hacia arriba desde el pueblo y vería este enorme sillón de piedra con cientos de columnas griegas, y los escalones que subían a él. Lo he visto en Berlín. Los escalones llegan muy alto.

Solo podemos ver el fundamento ahora. Pero era ahí donde estaba el asiento o el trono de Satanás, su cátedra, en esos días. Por eso Jesús escribió a esas siete iglesias. Era una situación delicada. Si esas pequeñas iglesias podían sobrevivir ahí, la iglesia sobreviviría en cualquier parte. ¿O se derrumbarían con toda la cultura y la filosofía empujándolas hacia abajo? Por eso Jesús escribió a esas iglesias y no a otras. He hecho un video de las cartas que escribió, con todas las tomas de las ciudades mismas y sus restos. Consígalo. Dios está usándolo como una palabra profética para la iglesia hoy. De alguna forma Jesús estaba diciendo a esas iglesias: "Se están dando por vencidas. Hay idolatría. Hay inmoralidad, aun en sus iglesias".

Una de las cosas más asombrosas que señalo en ese video es que la distancia desde las iglesias a la sede central de Satanás definía los problemas que tenían. Las dos iglesias que estaban más cerca de la sede de Satanás estaban corrompidas desde adentro con idolatría e inmoralidad. Las dos iglesias que seguían estaban siendo atacadas desde afuera por judíos, que Jesús llama "sinagogas de Satanás". Pero en las dos iglesias más distantes, Laodicea y Éfeso, Satanás no se estaba preocupando por ellas en absoluto. Una de ellas había perdido su primer amor, y la otra no era ni fría ni caliente, solo tibia. Es fascinante ver que los problemas que las iglesias estaban teniendo estaban en proporción directa con su distancia al trono de Satanás. Sea como fuere, usted debería conseguir el video y estudiarlo. Y es a esas siete iglesias que Jesús reveló el futuro de una civilización sin Dios. El resto del libro de Apocalipsis es simplemente un correr del velo para ver dónde finaliza una civilización sin Dios. Está diciendo: "No caigan junto con esas cosas. Salgan de Babilonia antes que sus pecados los destruyan".

Ahora bien, inevitablemente, en el mundo del pensamiento, la primera pregunta que surgiría sería la persona de nuestro Señor Jesucristo. Si su cerebro ha separado lo físico de lo espiritual, el cielo de la tierra, lo eterno de lo temporal, lo sagrado de lo secular, si su pensamiento es así, ¿dónde pone a Jesús en su pensamiento? ¿En qué extremo de la escalera se encuentra él? ¿Está comenzando a entender el problema?

¿O es de hecho el demiurgo griego en el medio, mitad y mitad? Así que fue en Éfeso, en la ciudad más grande de ese círculo dorado, que surgen las primeras indicaciones en el Nuevo Testamento de que las personas estaban comenzando a forzar a Jesús dentro de un marco griego, pensando que él no podría ser ambas cosas. Que no podría estar ahí arriba y acá abajo. Que no podría ser Dios y hombre a la vez. Que no podría ser a la vez espiritual y físico. Que tendría que estar en algún lado entremedio, ni plenamente divino ni plenamente humano, como el demiurgo griego, en algún punto en el medio. Lo estoy explicando de manera muy burda, pero básicamente esto es lo que empezó a hacer el pensamiento griego con relación a Jesús.

No es un problema desconocido hoy. El Testigo de Jehová que golpea su puerta piensa lo mismo con relación a Jesús. Es un pensador griego con relación a Jesús. No puede aceptar que Jesús es plenamente Dios y plenamente humano. El apóstol Juan era el único apóstol que seguía vivo, el único que murió de anciano, y vivía en Éfeso con María la madre de Jesús hasta que murió (usted verá en la película que estoy parado en la tumba del apóstol Juan). Demos gracias al Señor por este hombre. Escribió un Evangelio y tres cartas para tratar esta situación. El propósito del Evangelio de Juan puede ser dicho sencillamente. Era para decir a las personas: "Ustedes deben seguir creyendo que Jesús es plenamente divino y plenamente humano. Para enfatizar su humanidad, el versículo más corto en el Evangelio de Juan (y en la Biblia) es: "Jesús lloró". Fue en la tumba de Lázaro. Era plenamente humano.

De hecho, Jesús es *más humano* (si uno puede decir esto) en el Evangelio de Juan que en los otros tres. Pero es más claramente divino que en los otros tres. Juan aporta siete testigos para decir que él es Dios, y siete milagros, más sensacionales que cualquiera de los que aparecen en Mateo, Marcos y Lucas, y siete declaraciones que empiezan con "Yo soy", que es el nombre de Dios: "Yo soy el pan de vida", "Yo soy la luz del mundo", "Yo soy el buen pastor", "Yo soy la resurrección y la vida", "Yo soy la vid verdadera", "Yo soy la puerta", "Yo soy el camino, la verdad y la vida". A veces era solo "Yo soy", por separado. Juan, con mucha audacia, se preguntaba: ¿cómo lo llama uno a Jesús antes que fuera concebido? Jesús es su nombre humano. Con un osado golpe de genio dijo: "Él es nuestro logos".

Pero el logos no está a mitad de camino entre Dios y el hombre. "En el principio era el logos, y el logos estaba cara a cara con Dios, y el logos *era Dios*". No un demiurgo, no en la mitad de la escalera. Era *Dios*, y el logos *se hizo carne* y vivió entre nosotros. ¿Se da cuenta de qué trata el Evangelio de Juan?

Está diciendo que está arriba de todo, y está abajo de todo. Es plenamente Dios y plenamente hombre. Él es el Logos que es ambas cosas, no el logos que está en el medio.

He estado centrándome en el sudeste de Turquía. Fue ahí que se produjo el primer gran encuentro, y donde Jesús mismo intervino con cartas y una revelación del futuro, para intentar mantener puras a esas iglesias, y que no fueran fagocitadas por el mundo grecorromano. Pero ahora quiero que vuelva su atención a África, donde me temo que la batalla se perdió. La batalla fue ganada en el sudoeste de Turquía, y muchos cristianos pagaron el precio del martirio. Hombres como Policarpo, el obispo de Esmirna, la moderna Izmir. Pero venga conmigo primero a la ciudad de Alejandría, donde vivió el erudito judío Filón. Llegaron eruditos cristianos a la misma universidad, en especial dos llamados Clemente y Orígenes. Ellos se tragaron este mismo método alegórico de estudio bíblico, esto de no tomar a la Biblia tal como es, sino intentando encontrar un significado espiritual detrás, algún código oculto, algún significado espiritual. Lo llamo "superespiritualidad", porque los griegos se volvieron superespirituales. Estos eruditos cristianos siguieron a Filón en su método, y muchos predicadores cristianos lo hacen hoy.

Tomemos un ejemplo. ¿Ha escuchado a predicadores que hablan del agua que fluye (al final de Ezequiel) que primero llega a los tobillos, luego a las rodillas, luego a la cintura, y lo usan como una alegoría, aun del siglo XX? La primera pregunta que hago acerca de la visión de Ezequiel es si el agua significa otra cosa. Si lo lee, verá que significa claramente agua, H_2O. Ese es el significado directo. Esta agua realmente fluye en un lugar geográfico. Fluye en un valle, bajando al mar Muerto, llega a un lugar específico llamado Ein Guedi, y llena el mar Muerto con agua dulce llena de vida. Los pescadores aún pescan en las orillas del mar Muerto. Es una simple visión de lo que Dios podría hacer y quería hacer: refrescar el mar Muerto. ¡Aleluya! Ah, pero no, debemos encontrar un significado alegórico.

Bueno, le pregunto, ¿cuál es el significado alegórico de Ein Guedi? ¿Cuál es el significado alegórico de los pescadores? Oh, evangelistas, ¿quién lo dijo?

O permítame darle otro ejemplo. Después de la resurrección Jesús dijo: "Me reuniré con ustedes en Galilea", y los discípulos fueron hacia el norte. Estuvieron ahí sin hacer nada unos días y Jesús no apareció, y a Pedro le costaba quedarse quieto y dijo: "Voy a ir a pescar". Juan dijo: "Está bien, iré contigo". Mejor hacer algo que nada. Así que se fueron, pescaron toda la noche, y no consiguieron nada. He pasado una noche con pescadores en el mar de Galilea. Es una experiencia maravillosa. Si uno arroja la red podría conseguir cinco peces, siete si tiene suerte. Entonces uno sigue arrojando la red. Pero ellos estuvieron toda la noche y no pescaron nada. En la mañana, el sol salió y había un hombre parado en la orilla que les dice que lo están haciendo todo mal. Si uno ve un pescador alguna vez está esperando que uno le dé un consejo. Esperando que alguien venga y le diga: "Lo está haciendo todo mal. Intente esto y tendrá una pesca". Inténtelo con el próximo pescador que vea; ¡le estará tan agradecido! [risas]

El hombre dijo: "Arrójenlo de esa forma, no de esta". La arrojaron de esa forma y obtuvieron 153 peces en un solo intento. Usted no creerá en lo que los predicadores han intentado convertir este número. La interpretación favorita del número 153 es ésta: si uno toma los 12 apóstoles y los eleva al cuadrado, consigue 144. Si toma las tres personas de la Trinidad y las eleva al cuadrado, consigue 9. Si suma 144 y 9, obtiene 153. Por lo tanto, es un símbolo de los apóstoles más la Trinidad. ¡Y esa es la sugerencia más sensata que se ha hecho!

Se le ha dado cualquier cantidad significados alegóricos al número 153. Yo le daré el verdadero significado de ese número. El verdadero significado es: ¡un montón de peces!

Comenzamos a introducir cosas en las escrituras, tratando de encontrar algún significado oculto. Alabemos al Señor simplemente por el montón de peces. ¿Está entendiendo el mensaje? Todos lo hacemos. Me temo que Clemente y Orígenes comenzaron a hacerlo para la iglesia cristiana. Y, por supuesto, uno puede hacer que las escrituras digan lo que uno quiera.

Pero debemos movernos a lo largo de la costa africana en dirección al oeste, a lo que hoy se llama Túnez, a un pueblito insignificante que se llamaba Hipona. Hubo un joven que fue enviado allí para ser obispo, que es ahora el hombre más famoso de la historia de la iglesia. Su nombre era Agustín.

Agustín se crio en Italia, donde recibió una educación clásica en lo que se denominaba "neoplatonismo", que era la enseñanza de Platón puesta al día. Pero, como la mayoría de los productos de esa cultura, su cuerpo y su alma tomaron caminos diferentes. Cuando uno divide a un hombre, es lo que puede ocurrir. Su alma estudiaba filosofía y buscaba lo bueno, pero su cuerpo se volvió promiscuo. Tuvo una amante y un hijo ilegítimo al que luego abandonó. Era un chico malo, pero ellos no creían que lo que uno hiciera con el cuerpo afectaría el alma. Las dos cosas eran muy distintas. Esa fue su vida. Incluso se unió a una secta llamada de los maniqueos, para quienes la materia física era incurablemente mala. Por supuesto, por la forma en que vivía, lo que hacía con su cuerpo, él podía creerlo.

Con este trasfondo llegó a tener convicción del pecado, tuvo contactos con un obispo muy piadoso, llamado Ambrosio (obispo de Milán), que escribió una canción que tal vez usted haya escuchado varias veces: "A ti, oh Dios, te alabamos, a ti, Señor, te reconocemos. A ti, eterno Padre, te venera toda la creación…" ¿La conoce? Es el *Te Deum*. Si ha leído las *Confesiones* de Agustín, sabe que se convirtió de una manera muy dramática y siguió bajo el ministerio de este piadoso obispo Ambrosio. Pero fue designado obispo de Hipona en lo que hoy es Túnez, y se dirigió hacia allí.

Al principio predicó un evangelio sencillo, predicó la Biblia tal como era, pero luego comenzó a predicar contra cosas y contra personas, y a escribir en contra de ellas. Lamentablemente uno puede ver lo que ocurrió. Cuanto más escribía contra personas y predicaba contra ellas, más su antigua forma de pensar tomaba el control. Quiero decir, en palabras muy sencillas, que Agustín, más que nadie, reformuló la fe cristiana dentro de un marco griego, y ha influido en toda la iglesia desde entonces. Le daré un ejemplo en la Segunda Parte. Pero los católicos atrás hacia Agustín como el padre de su pensamiento, al igual que los protestantes. Tanto los católicos como los protestantes miran atrás a este hombre como el mayor teólogo de la iglesia.

Martín Lutero era un monje agustino, así que fue criado bajo Agustín. Calvino estudió a Agustín en París, en la universidad, y su *magnum opus*, sus enormes volúmenes llamados *La institución de la religión cristiana,* han sido descritos, creo que correctamente, como "agustinismo sistemático". Yo fui criado como metodista con la idea de que las cuatro grandes figuras de la tradición evangélica eran Pablo, Agustín, Lutero y Wesley. Luego encontré a otros que pensaban en Pablo, Agustín, Lutero y los puritanos, en vez de los metodistas. Agustín aparece en cada árbol genealógico de cada parte de la iglesia. Todos miran atrás a él y, sin embargo —y lo digo sinceramente—, creo que ha hecho más daño a la iglesia cristiana que cualquier otro hombre. Me maravillo ante su conversión, que fue maravillosa. Pero reformular la fe cristiana en términos neoplatónicos en vez de términos hebreos ha sido un desastre.

La iglesia ha estado arrancando sus raíces hebreas tanto antes como después de Agustín. La Semana Santa fue separada rápidamente de Pascua. El Domingo de Pentecostés fue separado rápidamente de Pentecostés, y la Navidad fue corrida varios meses después de la fiesta de Tabernáculos. Y, cuando arrancamos nuestras raíces judías como iglesia, hundimos nuestras raíces en la filosofía griega, en la práctica romana y en costumbres paganas. La Navidad *no tiene nada que ver con Cristo*. Fue simplemente porque un papa envió a otro agustino a Canterbury para convertir a esos terribles ingleses. El monje escribió de vuelta al papa y dijo: "No los puedo destetar de su festival de mediados de invierno, su orgía de comer y beber, cuando cantan villancicos y durante doce días un hombre elegido en cada aldea puede tener sexo con todas las muchachas de la aldea. Es el señor de la Navidad". (Piense en la canción *Los doce días de Navidad* [3] y "… mi verdadero amor me dijo", y uno lo sigue cantando. No tiene idea de lo que está cantando).

El papa escribió de vuelta y dijo: "Si no podemos ganarles, unámonos a ellos. Lleva al festival a Cristo. Bautízalo en nuestro ritual". Y la Navidad se convirtió en una vaca sagrada. Lo he descubierto de la manera difícil. Si uno se atreve a criticar la Navidad está tocando algo muy sagrado. Pero no es nada más que un festival pagano que fue incorporado porque las personas no querían renunciar a él cuando venían a Cristo.

Después de Agustín hubo otra figura, un hombre llamado Tomás de Aquino. Su nombre era Tomás, pero provenía de Aquino, en Italia, así que lo llamaron Tomás de Aquino (c. 1225-1274). Él no trajo a Platón a la iglesia, sino a Aristóteles. Trajo una teología natural basada en la razón. Era diferente de Platón, ya que Platón veía el mundo espiritual como el mundo real, pero Aristóteles veía el mundo natural como el mundo real. Él puso los fundamentos para la ciencia y para el escepticismo evangélico. Hay un maravilloso ensayo en un volumen dedicado a John Stott en su cumpleaños ochenta, que muestra cómo los evangélicos se retrotraen a Tomás de

Aquino y Aristóteles, y son escépticos con relación a todo lo que no sea racional. Así que *todos* estamos afectados, para bien o para mal, por esta influencia griega.

La Segunda Parte es más interesante, porque vamos a considerar algunas de las áreas donde nuestro pensamiento cristiano se ha desviado del pensamiento hebreo aún hoy, y cómo curarlo en nosotros.

SEGUNDA PARTE

Quiero tomar cinco temas de la creencia y conducta cristianas que han sido afectadas profundamente desde Agustín en adelante sin que nos demos cuenta. En primer lugar, nuestros cuerpos. Los cristianos no saben qué hacer en realidad con sus cuerpos. No queremos saber de nuestras funciones corporales. Si somos almas buenas atrapadas en cuerpos malos, entonces la última cosa de la que tendríamos que hablar en la iglesia es el cuerpo y nuestras funciones corporales. Había un párroco que dijo una vez: "Les voy a mostrar la parte de mi cuerpo que me causa la mayor cantidad de tentaciones". ¡Se hizo un silencio en la iglesia y luego sacó la lengua! Pero estaba equivocado. La lengua no nos causa ningún problema. Es usted que le causa problemas a su lengua.

¿Da gracias antes de comer? Tiendo a dar gracias por el primer plato y a pedir perdón por el segundo. Estaba en un hogar cristiano donde había un padre, una madre, dos niños y yo sentados a la mesa, y creo que era cordero asado con salsa de menta, que se me hace agua a la boca antes de llegar a la mesa. El padre me dijo: "¿Quisiera dar las gracias por nosotros, Sr. Pawson?".

Entonces dije: "Señor, yo estoy listo para esto, y esto está listo para mí, así que gracias" [dicho rápidamente] Cuando abrí los ojos el padre me estaba mirando horrorizado. "Creía que tenía un hombre de Dios aquí, ¿sabe?". Pero creo que una oración larga cuando tiene una comida caliente en frente es un sacrilegio. Dios nos ha dado todas las cosas para disfrutar libremente. Somos libres para darnos un banquete y libres para hacer ayuno.

¿Puede creer que nuestro Señor Jesucristo tenía que vaciar los intestinos y la vejiga todos los días? Es que, por extraño que parezca, los no cristianos tiene problemas para creer en la plena deidad de Cristo, pero los cristianos tienen problemas para creen en la plena humanidad de Cristo. Él es en realidad ambas cosas. Es, fue y siempre será un ser humano pleno. En el libro de oraciones judío, hay una oración hermosa para hacer cuando uno va al baño. Cada vez que digo esto en congregaciones occidentales, hay una risa nerviosa. ¿A quién se le ocurre mencionar eso en una iglesia?

Voy a muchos baños cristianos porque me quedo en hogares cristianos en todo el mundo. Un retrete cristiano generalmente tiene una pila de libros devocionales junto al trono y hay un texto en la pared, enmarcado. Todo ideado para mantener la mente en cosas espirituales mientras uno se encuentra en ese lugar. Pero la oración judía es una oración hermosa. Agradece al Señor porque su cuerpo funciona bien, y alaba al Señor porque ahora se siente mejor. Uno se siente aliviado y sale del retrete diciendo: "¡Aleluya!". Si no entiende que a Dios le interesa tanto lo que uno hace en el retrete como lo que hace en la iglesia, es un griego. Él hizo su cuerpo. Le digo esto: una de las humillaciones de la edad avanzada es cuando no puede controlar el intestino y la vejiga. Uno vuelve a los pañales. Nos ocurrirá a algunos de nosotros, y puede ser muy humillante. Si ocurre eso, desearía haber orado cuando iba al baño y haberle agradecido cuando todo funcionaba bien. Cada vez que menciono esto en una congregación judía, ni siquiera se sonríen. Pero, por supuesto, él es el Creador además del Redentor. Él hizo el mundo físico. Hizo mi cuerpo. Es algo que le interesa.

¿Da gracias antes de hacer el amor? ¿Por qué no? "Por lo que estamos por recibir, que el Señor nos haga verdaderamente agradecidos". ¿Le parece incongruente? Es que desde Agustín no podemos manejar el sexo. Fue Agustín quien dijo que el sexo, aun en el matrimonio, es lujuria, concupiscencia. Y desde entonces la idea prendió de que de alguna forma el celibato es un estado más santo que el matrimonio. De hecho, toda la iglesia se volvió célibe en su sacerdocio poco tiempo después. Esto es totalmente contrario al pensamiento hebreo, en que un rabino *debe* estar casado y debe experimentar el amor, para que pueda entenderlo.

Recuerdo haber sido invitado a predicar en una reunión al aire libre única frente a las cataratas del Niágara, en Canadá. Era la primera vez que habían permitido que se realizara una reunión religiosa ahí. ¡Qué trasfondo! Había tres oradores. Yo primero, luego un sacerdote católico romano y luego un pastor pentecostal. Estaba siendo televisado a todo Canadá y partes de Estados Unidos. Me levanté y dije: "Me encantaría hablar de lo que pueden ver atrás mío, porque conozco al hombre que hizo las cataratas del Niágara. Su nombre es Jesús, y sin él nada de lo que ha sido hecho fue hecho, y él ayudó a hacerlo. Pero no voy a hablar de eso. Voy a hablar del sexo, y quiero decirles cuánto placer saca Dios del sexo".

Había una multitud de miles de personas, pero podría haber oído un alfiler cayendo. Muchas eran gente de iglesia, y me miraron como si se hubieran olvidado cómo habían llegado a este mundo. Pero dije: "Fue Dios quien pensó en el sexo, ese placer exquisito. Fue él quien lo inventó. Era algo que estuvo en el mundo mucho antes que el pecado". Dije: "Cuando dos jóvenes se juramentan lealtad en público y parten para su luna de miel, y sellan ese juramento en ese placer exquisito, Dios está con ellos, y dice: 'Yo hice eso', y él encuentra placer en el amor humano".

El sacerdote católico romano se levantó en segundo

lugar, y dijo: "No estoy casado, y es improbable que me case, pero quiero hablar de las lunas de miel". El pastor pentecostal se levantó en tercer lugar, y dijo: "No lo van a creer, pero cuando pregunté al Señor de qué debía hablar, me dijo: 'Cuéntales acerca de tu luna de miel'". Nos enteramos después que el Niágara es la capital de lunas de miel de Norteamérica. Había cientos de parejas de luna de miel escuchándonos, y todos los hoteles alrededor tenían suites especiales para esta clase de parejas.

¿Es incongruente todo esto? Es que desde Agustín no sabemos qué hacer con nuestros cuerpos, pero mi Biblia dice que el cuerpo de usted es el templo del Espíritu Santo. Es la residencia de Dios; su cuerpo, no su alma. Esto produce una actitud extraordinaria hacia los sacramentos. Las personas no creen que hacer algo con el cuerpo pueda tener un efecto espiritual, pero es eso lo que es un sacramento. Tomar pan físico y vino físico en mi cuerpo puede tener un profundo efecto espiritual en ambos sentidos. Podría juzgarme, y yo podría enfermarme y aun morir si lo tomo sin discernir el cuerpo.

Lavado en el agua del bautismo, simple H_2O, ¿qué puede hacer eso para usted? Bueno, hay un joven que conocemos mi esposa y yo. Era un miembro de la banda de moteros Hell's Angels,[4] y tenía un diablo tatuado en su cuerpo, como integrante de ese grupo. Cuando se convirtió en cristiano, sabía que debía bautizarse, pero había notado que cuando la gente era bautizada, la camisa se mojaba y se transparentaba, y no quería que la gente viera el diablo en su cuerpo. Así que fue a un cirujano y le dijo: "¿Puede remover esto?".

El cirujano le dijo: "Sí, puedo hacerlo, pero requerirá mucho dinero y mucho tiempo. Tenemos que injertar piel de su muslo". Le contestó: "No tengo el dinero y no tengo el tiempo". Un amigo nuestro lo bautizó en una piscina en el jardín trasero. Bajó al agua para enterrar el pasado y lavar sus pecados, y cuando salió del agua el diablo había desaparecido. El tatuaje había sido lavado de su espalda, o del lugar que fuera. Si usted le dice que el bautismo es solo un símbolo, se le reirá en la cara.

Los sacramentos son sucesos físicos con un profundo efecto espiritual, porque somos una sola cosa. No somos un cuerpo y un alma separados, sino un solo ser. Al morir perdemos el cuerpo. ¿Es algo positivo o negativo? Si usted cree en la inmortalidad del alma, es algo positivo. Si cree en la resurrección del cuerpo, es algo negativo. Perder el cuerpo es ser "desvestido", en palabras de Pablo. Pero la buena noticia es que tendremos un nuevo cuerpo. No andaremos flotando como un espíritu sobre las nubes. ¡Obtendremos un cuerpo nuevo! Me alegro de esto, porque el nuevo cuerpo será como el cuerpo glorioso de Jesús, y no veo la hora de volver a tener treinta y tres años. Cuando uno está en sus ochenta anhela tener un nuevo cuerpo. Es que si nuestro negocio es solo salvar almas, hemos perdido el objetivo. Debemos salvar a personas completas.

Segundo, pasemos al trabajo, que mencioné antes. El trabajo era un mal necesario para los griegos. Uno tenía que realizarlo para obtener el dinero suficiente para disfrutar del ocio. O, mejor aún, si uno tenía suficiente dinero podría darse la gran vida, y no tener que volver a trabajar, que es la razón por la que tantas personas están jugando a la lotería hoy. "Es que no necesitaría trabajar". Vivir para el ocio. Vivir para la actividad mental y espiritual. Aun el cristianismo se ha convertido en una especie de actividad de ocio, en tanto que la principal cosa que cualquier persona tiene que hacer para el reino de Dios es de lunes a viernes, su trabajo diario. Realizo conferencias para hombres regularmente, en todo el mundo ahora, y la primera cosa que quiero enseñar a los hombres es que su trabajo diario es su vocación sagrada para el Señor, y la forma en que lo haga determinará su futuro.

Pero tenemos una lista graduada de trabajos: los misioneros están en el escalón superior, los pastores y evangelistas están firmemente en el segundo lugar, luego los médicos y enfermeras, después tal vez maestros, taxistas, operadores de computadoras. ¿Se da cuenta de que, sin hacerlo conscientemente, lo enseñamos siempre en la iglesia? Decimos: "Si te haces misionero, oraremos por ti regularmente. Pondremos tu fotografía en la entrada de la iglesia". No me malinterprete en lo que señalaré ahora, pero he visitado a misioneros en el extranjero. Viven en una aldea misionera, con un hospital cristiano, una escuela cristiana y una población cristiana. Y hay otro miembro de su iglesia madre que es el único cristiano en el taller en la fábrica donde trabaja. ¿Quién necesita más oración? ¿Quién está en el frente de batalla? Espero ver el día en que pongamos la foto de cada miembro en la entrada y digamos: "Este es su campo misionero. Es aquí donde trabaja. Ore por él o ella".

Pero lo que pasa es que hemos valorado el trabajo. Lo hemos categorizado, como los griegos. El trabajo espiritual es lo máximo. Hasta hemos dividido a las personas. Toda la iglesia ha dividido a las personas entre clérigos y laicos, cristianos profesionales y aficionados. Algunos son cristianos verdaderos, o decimos: "Estos son cristianos verdaderos. Viven por fe mientras que estos otros tienen un sueldo o un salario". Basura total. Todos tenemos que vivir por fe. Un pequeño empresario hoy, si paga sus deudas a tiempo, que es el deber cristiano, para mantener el flujo de dinero, necesita más fe que yo he necesitado para vivir. Realmente lo necesita.

Hemos dividido a las personas en trabajo sagrado y trabajo secular, trabajo de fe y trabajo no de fe, clérigos y laicos, religiosos y no religiosos. Ha plagado la iglesia completamente. Martín Lutero entendió bien una cosa: "Todos los trabajos tienen el mismo valor para Dios". No se trata del trabajo que uno tiene, sino cómo hace el trabajo que tiene en lo que más está interesado el Señor. La esposa de Billy Graham tenía un cartel sobre el fregadero en la cocina: "Se realizan servicios divinos aquí tres veces al día". Lo había entendido bien.

Hasta vestimos a algunos cristianos de manera diferente de los demás. La vestimenta clerical nunca fue idea del Señor Jesús. Me encontré con una carta asombrosa de nadie menos que un papa en 428 d.C. Se había enterado de que un monje había sido nombrado obispo de Arlés, en Francia, y había comenzado a usar ropa especial. Le escribió una carta punzante. Dijo: "El clero debería ser diferente de las demás personas, pero por su conocimiento y *no* por su vestimenta, por su modo de vida y no por lo que viste, por su pureza de pensamiento y no por la peculiaridad de su vestimenta". Recuerde que esa carta era de un papa, ¡ni más ni menos! Necesita ser reenviada a los papas, creo, hoy.

Tercer ejemplo. He considerado el ejemplo de cuál es nuestra actitud hacia nuestro cuerpo y nuestras funciones corporales, que es completamente griega. He considerado nuestra actitud hacia el trabajo como cristianos, que es completamente griega. Veré ahora nuestra actitud hacia Israel, el antiguo pueblo de Dios. Dios dio a Abraham un pacto y le prometió dos cosas *físicas*. Físicas. Primero, descendientes físicos, un pueblo. Segundo, una tierra, un lugar para que viviera ese pueblo. Promesas físicas. Y Dios nunca ha retirado esas promesas.

Además, aun el Nuevo Testamento dice que los dones de Dios a los patriarcas son irrevocables, y siguen siendo físicos. La tierra sigue siendo una tierra física y sigue perteneciendo al pueblo judío. Los judíos siguen siendo un pueblo físico, y siguen siendo los hermanos de Jesús, y siguen siendo amados por Dios por causa de los patriarcas. No serán salvos hasta que crean en su propio Mesías, pero son amados. Son su pueblo escogido.

Les prometió bendiciones cuando fueran obedientes, y la mayoría de esas bendiciones eran físicas: salud (ninguna de las enfermedades de Egipto los tocaría), fertilidad (abundante lluvia en sus campos). Pero también prometió maldiciones por su desobediencia, que también eran físicas: enfermedad, inundaciones, sequía. La mayoría de los milagros del Antiguo Testamento, creo que todos, fueron milagros físicos. Como la separación del mar Rojo. El reino de Israel era físico, el rey era físico. Pero hemos hecho que el pacto nuevo con Israel sea completamente espiritual. La iglesia ha tomado lo que se llama la "teología del reemplazo" y ha llamado a la iglesia "Israel", algo que el Nuevo Testamento nunca hace, ni siquiera la "nueva Israel", si bien esta es una de las frases más comunes dentro de la iglesia hoy. Como si Dios hubiera terminado con su pueblo físico y solo está interesado ahora en su pueblo espiritual.

Por lo tanto, no tiene ningún sentido mencionar la tierra de Israel en la situación actual de Oriente Próximo, porque ahora es irrelevante. La principal preocupación en Oriente Próximo es simplemente obtener la paz, como si la tierra hubiera sido quitada nuevamente del pueblo de Dios. Ahora, por supuesto, no la tienen incondicionalmente. Creo que su *propiedad* de la tierra es incondicional, pero su *ocupación* es condicional, especialmente de la forma en que tratan a los extranjeros dentro de la tierra. Pero, no obstante, la promesa física de Dios aún se mantiene con su pueblo físico de una tierra física. La palabra "Israel" se usa más de setenta veces en el Nuevo Testamento, y ni en una sola ocasión para la iglesia cristiana.

Sigue siendo un pueblo físico a quien se le hizo una promesa física. Bueno, me preocupo por eso, pero esta es la razón por la que la mayoría de la iglesia en este país no estaría interesada en una reunión de Olive Tree.[5] No lo estarían. La iglesia, la Israel espiritual, ha reemplazado a la Israel física. Es que nuevamente lo espiritual es de mayor valor que lo físico. Es pensamiento griego, sin hablar de antisemitismo.

Pero quiero llegar a dos temas importantes finalmente. El primero es la tierra y su futuro. Vivimos por fe, esperanza y amor. "Ahora, pues, permanecen estas tres virtudes: la fe, la esperanza y el amor", pero la más débil es la esperanza. Encuentro que los cristianos están totalmente confundidos con relación a la esperanza para el futuro. He pedido a congregación tras congregación durante los últimos tres años que voten sobre esta pregunta: "¿Creen que el próximo siglo será mejor que este, peor que este o más o menos igual?". ¿Cómo piensa que votaron? El ochenta y cinco por ciento de los cristianos levantan la mano para votar por "peor". Hay un espíritu de pesimismo. Llegamos al siglo XX en un espíritu de optimismo. La palabra que estaba en labios de todos era "progreso". Ahora la palabra en los labios de todos es "supervivencia". Hay muchas voces que nos dicen que no sobreviviremos ni siquiera cien años. 2040 es la fecha que dan muchos programas de computación como la fecha más allá de la cual la vida humana se volverá imposible. Si las tendencias de la población, los recursos alimenticios y los combustibles siguen como ahora, entonces 2040 es la fecha de la que están hablando para el final; pesimismo.

Ahora bien, los cristianos son personas de esperanza. Lamentablemente, la palabra en inglés-español tiene el sentido de "deseo". "Espero que sea un buen día mañana". "Espero ganar la lotería nacional". Lo que la gente quiere decir es: "No estoy para nada seguro. En realidad, no estoy seguro". Pero la palabra griega para "esperanza" en el Nuevo Testamento, *elpis*, significa aquello de lo que estoy absolutamente seguro que ocurrirá. Cien por ciento seguro. Es un ancla para el alma cuando arrecia la tormenta.

Entonces, ¿qué esperamos para el futuro? Estoy hablando

de nuestra esperanza para esta tierra, este mundo. ¿Cuál es su esperanza cristiana para este mundo? ¿Alguna vez será un mundo de paz? Bueno, no parece que lo sea, ¿no es así?, al entrar en el 2000. Podríamos estar en el Tercera Guerra Mundial. Fue una pequeña disputa en los Balcanes que detonó la Segunda Guerra Mundial. Ahora Rusia está haciendo amenazas. ¿Quién sabe? La cosa parece crecer como una bola de nieve. Cada vez más personas se involucran, y nosotros, las personas comunes, solo leemos los periódicos. ¿Qué podemos hacer? Nuestros líderes parecen decididos a que la cosa escale.

¿Cree que alguna vez haya un desarme multilateral? ¿Cree que alguna vez haya paz mundial? ¿Cuál es su esperanza? Estoy absolutamente seguro que la habrá, porque Jesús vuelve a la tierra. Ese es el foco de la esperanza cristiana en el Nuevo Testamento. Él vuelve aquí corporalmente, físicamente. ¡Él vuelve! Hay dos cosas que han desaparecido casi por completo ahora de la enseñanza cristiana sobre el futuro, dos cosas que eran muy prominentes antes. Cristo vuelve a la tierra. Lo cree, ¿no es cierto? ¿Cree que usted volverá a la tierra después que haya muerto? ¿Usted cree que volverá a esta vieja tierra para vivir nuevamente, una segunda vez, aquí? Esa es la esperanza cristiana para el futuro, porque Dios traerá con él todos los que hayan dormido en Cristo Jesús.

Solo he asistido a cuatro funerales en los últimos años, en los que he hablado: mi suegra (98), mi hija (36), mi hermana (cáncer) y mi cuñado (cáncer). Cuando decía: "Ellos volverán", la gente me miraba como si estuviera enseñando la reencarnación. Ellos volverán a pararse sobre esta tierra. Cuando Jesús se pare sobre esta tierra, ellos también lo harán. Le dije que estoy anhelando conseguir un cuerpo flamante, pero no lo obtendré en el cielo. No necesito un cuerpo allá arriba. Necesitaré un cuerpo cuando vuelva aquí, porque uno no puede vivir en este mundo sin un cuerpo. Es ahí donde obtendrá su nuevo cuerpo. Es ahí donde la resurrección del cuerpo tiene lugar: aquí, no allá arriba.

La Biblia tiene los pies completamente sobre la tierra en su esperanza acerca del futuro. Pero, ¿para qué volverá Cristo? ¿Para hacer qué cosa vuelve? ¿Por qué está trayendo todos los cristianos muertos también? ¿Por qué volveremos todos aquí? Hay quienes piensan que solo nos quedaremos un par de minutos, solo lo suficiente como para obtener nuestro nuevo cuerpo, y partiremos de nuevo. Otros, erróneamente, dicen cada domingo en la comunión, en el Credo Niceno: "Desde allí ha de venir a juzgar a vivos y a muertos". Él no vuelve a la tierra para juzgar a los vivos y a los muertos. Él no juzgará a los vivos y a los muertos hasta que la tierra haya desaparecido.

En mi Biblia está muy claro que, cuando comparezcamos ante el gran trono blanco, la tierra ya habrá desaparecido. Así que Jesús no vuelve para juzgar. Entonces, ¿para qué vuelve? ¿Solo para llevarnos de vuelta a todos? ¿Para qué traer a millones de cristianos desde el cielo solo para volver al cielo nuevamente? Parece un despilfarro de energía.

Entonces, ¿cuánto tiempo estará cuando vuelva? Estuvo treinta y tres años la primera vez. ¿Por cuánto tiempo volverá la segunda vez? Durante cuatrocientos años la iglesia tenía completamente en claro cuál era su esperanza para el futuro de este mundo. Esa esperanza era, citando a Papías, en anciano obispo de Hierápolis: "Creemos en Cristo, en el reino corpóreo de Cristo sobre la tierra", refiriéndose al reinado corporal de Cristo sobre la tierra durante mil años. Me asombra que la palabra "milenio" solía ser la prédica de la iglesia, pero ahora todos los demás la están usando excepto los cristianos. ¿No es increíble?

Mi Biblia me dice muy sencillamente que él vuelve para asumir el gobierno del mundo durante mil años aquí, y nosotros volveremos para compartirlo con él y para reinar aquí. Dice: "Digno eres… y con tu sangre compraste para Dios gente de toda raza, lengua, pueblo y nación. De ellos hiciste un reino; los hiciste sacerdotes al servicio de nuestro Dios, y reinarán sobre la tierra". No allá arriba, sino acá abajo. Los mansos heredarán la tierra un día. Jesús dijo que ocurriría; no el cielo, sino la *tierra*. Cuando estamos llegando al año 2000, todos están hablando del milenio, pero están hablando del milenio equivocado.

Una semana después del año 2000 las cosas estarán exactamente igual que la semana anterior. Pero *el* milenio, ¡qué esperanza para el futuro, que un día el diablo será expulsado. La razón por la que no podemos tener el reino sobre la tierra establecido antes que Jesús vuelva es que no podemos librarnos del príncipe de este mundo, el diablo. Usted no puede librarse de él, y yo tampoco. Podemos rescatar a sus víctimas y sacarlas de su reino y llevarlas al reino de Cristo. El diablo es demasiado astuto para usted, demasiado poderoso. Solo será expulsado cuando Jesús vuelva, y entonces el mundo tendrá un gobierno cristiano finalmente.

Usted tal vez haya cantado el himno "Jesús reinará donde el sol sus viajes sucesivos hace"[6] o mi himno favorito de niño, "Cantamos al rey que viene a reinar, gloria a Jesús, el cordero que fue muerto. Vida y salvación su imperio traerán, ¡alegría a las naciones cuando Jesús sea rey!".[7] ¿Lo cree usted? Él vuelve para gobernar, para reinar, y si hay una cosa que anhelo escuchar que la iglesia anuncie es que Jesús vuelve para reinar durante mil años, aquí en la tierra. Entonces verá que "Convertirán sus espadas en arados y sus lanzas en hoces. No levantará espada nación contra nación, y nunca más se adiestrarán para la guerra".

Esta parte del texto está afuera del edificio de las Naciones Unidas en Nueva York, sobre un bloque de granito. Pero lo que el texto bíblico dice antes es: "Porque de Sión saldrá la ley, de Jerusalén, la palabra del Señor". Él, Jesús, arreglará las disputas entre las naciones, y *entonces* ellos convertirán sus espadas en arados.

Ah, pero podemos alegorizarlo, ¿no es cierto? Podemos alegorizar todas las promesas, como que el lobo vivirá con el cordero, y el león comerá paja como el buey. ¿Lo cree o piensa que también debemos alegorizarlo? El lobo y el cordero son el pastor y el encargado de la iglesia llevándose bien. Es así como lo alegorizamos. Y "el desierto florecerá como la rosa". ¿Por qué no habría de hacerlo? El Sahara fue un jardín alguna vez. ¿Por qué no puede volver a ser un jardín? ¿Se da cuenta a lo que me refiero cuando hablo de tomar las escrituras en su sentido llano y directo?

El milenio ha desaparecido prácticamente, y ¿sabe quién es el hombre responsable de esto? Agustín. En su ministerio inicial predicaba que Jesús volvería para reinar sobre la tierra durante mil años, y eso era lo que la iglesia creía y predicaba hasta entonces. No hay una sola traza de otro punto de vista. Nadie discutía acerca de si alguien era "milenario, premilenario o posmilenario". Nos hemos metido en todos estos diferentes puntos de vista desde Agustín. Él enseñaba a la iglesia lo que se llama hoy posmileniarismo: que ya estamos en el milenio. Bueno, francamente, si esto es el milenio y se supone que el diablo está atado, sellado y encerrado en un calabozo para que no pueda engañar a nadie más, ¡quiero saber quién está a cargo!

Hablo muy en serio. Escribí este libro para llamar a la iglesia a volver al mensaje que predicó durante los primeros cuatrocientos años. Pero Agustín no podía creer que Jesús volvería físicamente a un mundo físico y lo gobernaría físicamente. Era todo demasiado físico. No era lo suficientemente espiritual, y persuadió a un concilio del año 431 en Éfeso. He estado parado sobre las ruinas de la iglesia donde esto se decidió y condenaron la creencia en el milenio como herejía. Ese fue un concilio oficial de la iglesia. Por eso es que nunca ha escuchado este punto de vista en la mayoría de las iglesias, y por qué Apocalipsis 20 es ignorado por completo o dado vuelta por completo para que diga otra cosa. Es tratado alegóricamente. Pero ¡qué glorioso evangelio podemos predicar! Jesús vuelve para reinar, y este mundo verá cómo podrá ser bajo un gobierno cristiano. Y la responsabilidad que usted tendrá en ese milenio depende de cómo realiza su tarea cotidiana hoy.

Estaba predicando sobre el milenio recientemente. Un hombre se me acercó después. Estaba muy emocionado, y me dijo: "David, por primera vez puedo relacionar mi fe con mi trabajo".

Le pregunté: "¿Por qué? ¿Cuál es su trabajo?".

"Estoy encargado de descontaminar los ríos de Inglaterra", contestó. "Ya tenemos salmones nuevamente en el Támesis". Continuó diciendo: "Sé por Apocalipsis que los ríos y los océanos estarán sumamente contaminados antes del final. Cuando Jesús vuelva a reinar, necesitará alguien que limpie los ríos, ¡y quiero ese trabajo! Voy a aprender todo lo que pueda al respecto".

De pronto el hombre vio que su trabajo diario era una preparación para el milenio, y que él reinaría con Cristo.

Nosotros gobernaremos las naciones con una vara de hierro. Eso no significa con crueldad. Significa de una manera no democrática. Una dictadura benévola de un gobierno cristiano. Un día la televisión estará en manos cristianas, los bancos estarán en manos cristianas, los tribunales estarán en manos cristianas. ¿Puede imaginarlo? Hermanos y hermanas, no podemos gobernar la iglesia bien siquiera ahora. Nos conviene ponernos en forma.

La otra cosa que ha desaparecido de la predicación cristiana sobre el futuro es la nueva tierra. Aun más allá del reinado de Cristo sobre la tierra vieja, habrá una tierra flamante. Cuando las personas me preguntan a qué me dedico, les digo que estoy en el negocio del reciclado. Siempre se ponen contentas: "¿Qué recicla: metal, papel, botellas?".

"No. Personas. Porque ellas son la causa de la contaminación".

Dios está en el negocio de reciclar personas, porque un día reciclará todo el universo, hará una nueva tierra. Me encanta predicar sobre la nueva tierra. Pero cada vez que lo hago, alguien me acusa de ser un Testigo de Jehová.

Estaba en Sídney, Australia, y prediqué sobre la nueva tierra. Dije: "En la nueva tierra no habrá sol, no habrá mar y no habrá sexo". No hubo un solo "¡Aleluya!". Todos tenía una mirada sombría. Estábamos a unos ocho kilómetros de una playa llamada Bondi Beach, y parecía que querían dejar la reunión para ir a la playa donde podrían recibir las tres cosas con abundancia. No echarán de menos ninguna de esas cosas. ¿Una nueva tierra? ¿Pensaba que iría al cielo para vivir con Dios para siempre? No, el cielo es solo una sala de espera temporaria entre la muerte y la resurrección. Después volverá a la antigua tierra primera, y luego a la tierra flamante.

¿Sabe lo que ocurrirá entonces? Dios se mudará. Dios será quien se mudará, no nosotros, y vendrá a la tierra para vivir con nosotros. Eso está en la última página de la Biblia. No allá arriba sino acá abajo. El ángel dice: "¡Aquí, entre los seres humanos, está la morada de Dios!". La morada de los hombres no está con Dios, sino al revés. Él bajará aquí, y la nueva Jerusalén bajará del cielo, aquí, y el Cordero estará aquí, y Dios estará aquí. De hecho, dice que veremos su rostro. No el rostro de Jesús, sino el rostro de Dios. Usted lo verá. Y esto me lleva al último punto.

La visión de Dios que tenían los griegos es muy diferente

de la visión hebrea. Los dioses griegos eran simplemente demasiado humanos y demasiado débiles. Si uno estudia la mitología griega, encontrará que eran demasiado humanos, así que los filósofos levantaron a Dios inmediatamente fuera de la esfera humana, a la eternidad atemporal, fuera de las emociones, fuera del cambio y la descomposición, fuera del tiempo y el espacio, en otro mundo completamente. Un Dios estático, no dinámico. Un Dios que tenía atributos, más que acciones. Un Dios que era omnipresente, en todas partes. Un Dios que era omnipotente, que puede hacer cualquier cosa. Un Dios que era omnisciente, que sabe todo. Pero, en mi Biblia, Dios no es ninguna de esas tres cosas.

Él está en todas las partes que escoge estar. No está *en todas partes*. Y ya está creando un lugar llamado infierno donde *no* estará. Y Dios no es omnipotente. Hay muchas cosas que Dios no puede hacer, por poderoso que sea, por todopoderoso que sea. Hice una lista de treinta y un cosas que él no podía hacer. Me impresionó ver cuántas cosas yo podía hacer. La primera cosa que escribí es que él no puede decir una mentira o romper una promesa. Pero aquí hay una cosa que escribí: él no puede cambiar el pasado. Dios mismo no puede cambiar el pasado. Puede cambiar el futuro, pero no el pasado. Los griegos desarrollaron un Dios estático que carecía por completo de emociones y nunca cambiaba en nada específico. Era inmutable. ¿Ha escuchado estas palabras? Pero mi Biblia trata de un Dios que puede cambiar de idea, y lo hace, y lo hace ante una oración de súplica. Moisés logró que Dios cambiara de idea en respuesta a una oración de súplica. Amós hizo lo mismo. Usted lo puede leer. Y no encuentro un Dios que no tiene sentimientos y emociones. Encuentro un Dios que puede estar triste y puede estar contento, que puede alegrarse por nosotros cantando y aun silbando. Un Dios que silba. Un Dios que es descripto con nariz, fosas nasales, una boca, ojos, oídos, un rostro, mano, dedos, brazo, piernas, pies y hasta entrañas y riñones, y aun esperma. Hablan de Dios como si fuera solo un ser humano en la Biblia. Saben perfectamente que es Espíritu y no tiene un cuerpo. Pero lo que dicen es: si quiere imaginarse cómo es Dios, entonces piense en usted.

El cuerpo de usted le dice cómo es Dios. Estamos hechos a su imagen, incluso nuestro cuerpo, y podemos hacer con el cuerpo lo que él puede hacer sin un cuerpo. Usted puede ver; él también. Usted puede oler; él también. Usted puede hablar; él también. Usted puede silbar; él también. Esa es la visión hebrea de Dios. Los griegos pensaban que esa era una visión muy primitiva, simplista e infantil de Dios. Usaron el término "antropomorfismo" para el hecho de pensar que Dios es como un ser humano. Pero esa es la mejor forma en que uno *puede* pensar en Dios, porque él es así. Este Dios griego que no cambia, que es inmutable, distante, estático hizo decretos eternos. No tomó decisiones temporales, en tanto que el Dios de mi Biblia cambia sus decisiones en respuesta a seres humanos. Está en una relación dinámica.

Piense en el alfarero y la arcilla en Jeremías. ¿Aprendió la lección del alfarero y la arcilla? Jeremías fue a la casa del alfarero y vio al alfarero con un pedazo de arcilla sobre la rueda, y trató de convertirla en una vasija hermosa mientras pedaleaba. Trató de hacer esta vasija hermosa, pero la arcilla no respondía a sus manos. Así que el alfarero la sacó, la metió en el trozo y la volvió a poner sobre la rueda, e hizo una olla gruesa y tosca de arcilla. Y Dios dijo: "Jeremías, ¿quién decidió en qué se convertiría la arcilla, el alfarero o la arcilla?". Ahora, piénselo. ¿Quién decidió en qué se convirtió la arcilla? La respuesta es: la arcilla. Y Dios dijo: "Israel es así. Yo quería convertirla en una vasija hermosa, llena de mi misericordia. Pero no quisieron responder a mis manos, y la voy a hacer una olla tosca llena de mi juicio. Pero si cambian de idea y se arrepienten, entonces yo cambiaré de idea, y me arrepentiré y los volveré a convertir en una vasija hermosa". Pero es la arcilla la que decide.

Al día siguiente le dijo: "Jeremías, vuelva a la casa del alfarero y mira nuevamente esa vasija". Ahora la encontró, y estaba dura. Se había cocido al sol, y le dijo que la arrojara en el valle de Gehena, afuera de Jerusalén, y que la hiciera pedazos, porque ya no podría cambiar de idea. Se había vuelto demasiado dura. "Jeremías, ¿aprendiste la lección de la arcilla?". La arcilla puede decidir si Dios la convierte en una vasija de misericordia o de juicio. Pero llega un momento en que la arcilla se vuelve demasiado dura como para cambiar. Esa es la relación entre Dios y los seres humanos. Tal vez haya cantado la canción: "Tú eres el alfarero, yo soy la arcilla", como si dependiera completamente de Dios lo que le pasara con usted. No es así. Depende de lo usted le deje hacer.

Fue Agustín quien desarrolló una doctrina de predestinación que es predeterminación, y dijo que somos salvos si Dios ha hecho un decreto eterno, allá bien arriba en la eternidad, muy separado del tiempo y el espacio, e hizo un decreto que usted será salvo y su vecino no. Desde entonces, la predestinación ha sido predicada falsamente en un sentido *griego*, que no es la visión bíblica de la predestinación en absoluto. Lo encontrará en mi libro *Una vez salvo, ¿siempre salvo?* porque, nuevamente, si Dios ha hecho un decreto eterno de que usted sea salvo y vaya al cielo, entonces no hay nada que pueda hacer para cambiarlo, y nunca estará perdido: una vez salvo, siempre salvo. Pero yo cuestiono si "una vez salvo, siempre salvo" es una enseñanza de la Biblia. Él no fuerza a nadie. No es un gigante todopoderoso que nos trata como títeres. Este Dios que no cambia, inmutable, que hace decretos eternos no es el Dios hebreo. El Dios hebreo escucha oraciones y dice: "Está bien, entonces, escucho tu oración. No te destruiré. Tú cambia de idea y yo cambiaré de idea". ¡Qué Dios! ¡Un Dios en el que uno puede influir a través de la oración! Pero en la visión griega uno no puede influir en Dios. Él está muy por encima de todo y uno solo debe decir: "Tu voluntad sea hecha". Eso es islam. Eso es Insha'allah.[8] Ese no es el Dios hebreo.

¿Cómo podemos evitar ser "greciados"? ¿Cómo podemos evitar quedar atrapados en el pensamiento griego que está acosando a la iglesia de la cabeza a los pies? Espero que usted haya podido reconocer algunas de estas cosas solo a través de los ejemplos que le he dado. Hay un lado negativo y un lado positivo. El lado negativo es estar consciente de que esto ha ocurrido. Usted tiene que estar constantemente alerta cuando esté escuchando una forma de pensar griega en vez de una forma de pensar judía, hebrea. Pero hay algo positivo que puede hacer, y esta es la respuesta real. Empápese de la Biblia. Es un libro hebreo, y si usted presta más atención a otros libros, revistas y programas de televisión, y entra más de esas cosas en su cerebro que el pensamiento bíblico, entonces se volverá griego inevitablemente, porque esa es nuestra cultura. Si usted se empapa de la Biblia, y especialmente del Antiguo Testamento, esa es la única protección que tenemos contra las presiones griegas del mundo que nos rodea. Una encuesta reciente de cristianos evangélicos en Inglaterra reveló que las tres cuartas partes de los cristianos evangélicos no leen el Antiguo Testamento. Podrían darse un chapuzón cada tanto en él, pero no están empapando su mente de esta parte de la Biblia.

Pablo dice: "No sean camaleones, sino orugas" (Romanos 12:2). Si no me cree, búsquelo. Está ligeramente diferente en la versión que usted tiene. Dice: "No deje que el mundo que lo rodea coloree su pensamiento", porque eso es lo que ocurre con un camaleón. Lo pone en un entorno rojo, y se vuelve rojo. Lo pone en un entorno azul, y se vuelve azul. Si quiere matarlo, póngalo sobre tartán, ¡y explotará!

Muchos toman su pensamiento de otras personas, aun de los predicadores que escuchan, en vez de meterse en la Palabra ellas mismas. Sea una oruga. Pablo dice, en realidad: "Haga que su mente sea metamorfoseada". Es la palabra que usa en griego. La oruga pasa por un proceso de metamorfosis. La oruga es una cosa desagradable, pero está desarrollando los colores más hermosos en su interior. No está tomando los colores de ningún otro lugar, sino los está produciendo desde adentro, y un día esas alas estallarán, y el color se verá. No sea un camaleón. No tome su pensamiento de lo que lo rodea. Sea una oruga. Deje que el color de su pensamiento venga de adentro. Deje que el Espíritu y la Biblia lo coloreen.

Empápese del Dios de Israel. Estudie el pueblo judío. Trate de tener algunos amigos judíos que lo ayuden a leer la Biblia *de ellos*, porque no es de nosotros sino de ellos. Acabo de descubrir que cuanto más hebreo uno se vuelve en su pensamiento, más detecta el pensamiento griego, más se da cuenta. Y me preocupa que hay tanto de esto en la iglesia. Nuestras raíces están en Israel, no en la antigua Grecia. Nuestra fe está en el olivo, que es Israel. Somos olivos silvestres, injertados en sus raíces. Tomamos nuestra savia de sus raíces. Nuestro pensamiento debe ser hebreo, porque hay un solo Dios, y no es el dios de Grecia, sino el Dios de Israel.

"Qué curioso que Dios los haya elegido a los judíos
Pero no tan llamativo como quienes abrazan
A un Dios que es judío y a los judíos rechazan".

Notas

[1] En inglés, *Save Our Souls*.
[2] En inglés, "John Brown's body lies a-mouldering in the grave. John Brown's body lies a-mouldering in the grave. John Brown's body lies a-mouldering in the grave and his *soul* goes marching on."
[3] En inglés *The Twelve Days of Christmas*. Es una canción acumulativa en la que se enumeran doce regalos que una persona dice haber recibido de su enamorada durante los doce días consecutivos de navidad (entre las festividades de navidad y la epifanía).
[4] "Hell's Angels" significa en inglés "los ángeles del infierno".
[5] Se refiere a *Olive Tree Ministries*, un ministerio que alienta a los cristianos a apoyar a Israel.
[6] En inglés, *Jesus shall reign where e'er the sun, doth his successive journeys run*.
[7] En inglés, *Sing we the king who is coming to reign, glory to Jesus, the lamb that was slain. Life and salvation his empire shall bring, joy to the nations when Jesus is king!*
[8] Un término árabe para indicar la esperanza en que un acontecimiento, ya mencionado, ocurra en el futuro, si tal es la voluntad de Dios.

ACERCA DE DAVID PAWSON

David es un orador y autor con una fidelidad intransigente a las Sagradas Escrituras, que trae claridad y un mensaje de urgencia a los cristianos para que descubran los tesoros ocultos en la Palabra de Dios.

Nació en Inglaterra en 1930, y comenzó su carrera con un título en Agricultura de la Universidad de Durham. Cuando Dios intervino y los llamó al ministerio, completó una maestría en Teología en la Universidad de Cambridge y sirvió como capellán en la Real Fuerza Aérea durante tres años. Pasó a pastorear varias iglesias, incluyendo Millmead Centre, en Guildford, que se convirtió en modelo para muchos líderes de iglesia del Reino Unido. En 1979 el Señor lo llevó a un ministerio internacional. Su actual ministerio itinerante está dirigido principalmente a líderes de iglesia. David y su esposa Enid viven actualmente en el condado de Hampshire, Inglaterra.

A lo largo de los años ha escrito una gran cantidad de libros, folletos y notas de lectura diarias. Sus extensas y muy accesibles reseñas de los libros de la Biblia han sido publicadas y grabadas en "*Unlocking the Bible*" (*Abramos la Biblia*). Se han distribuido millones de copias de sus enseñanzas en más de 120 países, proveyendo un sólido fundamento bíblico.

Es considerado como "el predicador occidental más influyente de China" a través de la transmisión de su exitosa serie "*Unlocking the Bible*" a cada provincia de China por Good TV. En el Reino Unido, las enseñanzas de David se transmiten habitualmente por Revelation TV.

Incontables creyentes de todo el mundo se han beneficiado también de su generosa decisión en 2011 de poner a disposición sin cargo su extensa biblioteca audiovisual de enseñanza en www.davidpawson.org. Hemos cargado también hace poco todos los videos de David a un canal dedicado en **www.youtube.com**

VEA EN YOUTUBE
www.youtube.com/user/DavidPawsonMinistry

LA SERIE EXPLICANDO
VERDADES BIBLICAS EXPLICADAS SENCILLAMENTE

Si usted ha sido bendecido al leer, ver o escuchar
este libro, hay más disponibles en la serie.
Por favor regístrese y descargue más libritos
visitando **www.explicandoverdadesbiblicas.com**

Otros libritos en la serie *Explicando* incluirán:
La historia asombrosa de Jesús
La unción y la llenura del Espíritu Santo
La resurrección: *El corazón del cristianismo*
El estudio de la Biblia
El bautismo del Nuevo Testamento
Cómo estudiar un libro de la Biblia: Judas
Los pasos fundamentales para llegar a ser un cristiano
Lo que la Biblia dice sobre el dinero
Lo que la Biblia dice sobre el trabajo
Gracia: *¿Favor inmerecido, fuerza irresistible
o perdón incondicional?*
¿Eternamente seguros?
Tres textos que suelen tomarse fuera de contexto:
Explicando la verdad y exponiendo el error
LaTrinidad
La verdad sobre la Navidad

Tambien nos encontramos en proceso de preparar y subir estos
libritos que puedan ser comprados como copia impresa de:

www.amazon.co.uk o **www.thebookdepository.com**

ABRAMOS LA BIBLIA

Una reseña única del Antiguo y el Nuevo Testamento del internacionalmente aclamado orador y autor evangélico David Pawson. *Abramos la Biblia* abre la palabra de Dios de una forma fresca y poderosa. Pasando por alto los pequeños detalles de los estudios versículo por versículo, expone la historia épica de Dios y su pueblo en Israel. La cultura, el trasfondo histórico y las personas son presentados y aplicados al mundo moderno. Ocho volúmenes han sido reunidos en una guía compacta y fácil de usar que cubren el Antiguo y el Nuevo Testamento en una única edición gigante. El Antiguo Testamento: *Las instrucciones del fabricante* (Los cinco libros de la Ley), *Una tierra y un reino* (Josué, Jueces, Rut, 1-2 Samuel, 1-2 Reyes), *Poesías de adoración y sabiduría* (Salmos, Cantares, Proverbios, Eclesiastés), *Declinación y caída de un imperio* (Isaías, Jeremías y otros profetas), *La lucha por sobrevivir* (1-2 Crónicas y los profetas del exilio) – El Nuevo Testamento: *La bisagra de la historia* (Mateo, Marcos, Lucas, Juan y Hechos), *El decimotercer apóstol* (Pablo y sus cartas), *A la gloria por el sufrimiento* (Apocalipsis, Hebreos, las cartas de Santiago, Pedro y Judas).

JESÚS
LAS SIETE
MARAVILLAS
DE SU
HISTORIA

Este libro es el resultado de toda una vida de contar "la más grande historia jamás contada" por todo el mundo. David la volvió a narrar a varios cientos de jóvenes en Kansas City, EE.UU., que escucharon con un entusiasmo desinhibido, "twiteando" por Internet acerca de este "simpático caballero inglés" mientras hablaba.

Tomando la parte central del Credo de los Apóstoles como marco, David explica los hechos fundamentales acerca de Jesús en los que está basada la fe cristiana de una forma fresca y estimulante. Tanto los cristianos viejos como nuevos de beneficiarán de este llamado a "volver a los fundamentos", y encontrarán que se vuelven a enamorar de su Señor.

OTRAS ENSEÑANZAS
POR DAVID PAWSON

Para el listado más actualizado de los libros de David ir a: **www.davidpawsonbooks.com**

Para comprar las enseñanzas de David ir a: **www.davidpawson.com**

www.ingramcontent.com/pod-product-compliance
Lightning Source LLC
Chambersburg PA
CBHW071036080526
44587CB00015B/2638